Deepen Your Mind

前言 *Foreword*

《Selenium2 自動化測試實戰——基於 Python 語言》出版後，我陸續收到許多回饋，有很多同學（我習慣這麼稱呼軟體測試的同行）透過這本書學會了 Selenium 自動化測試，這是我寫這本書的初衷，能在你學習測試技術的道路上提供一點點幫助，我感到非常高興！也有同學向我回饋了書中的一些錯誤，在此深表感謝。

隨著我在自動化測試技術上的累積，我越發覺得《Selenium2 自動化測試實戰——基於 Python 語言》一書有許多不足之處，有些內容已經過時，有些技術需要更進一步的探討。2017 年的時候我萌生要寫第二版的想法，當時只是想對少部分內容進行修改，直到 2018 年下半年才開始動筆重新整理內容。我寫書的方式是一遍遍地修改書中的內容，所以，雖然不是從頭到尾寫一本新書，但也花費了半年之久。

隨著我對自動化測試的了解，更正了前一本書中的部分觀點。

（1）加入了 pytest 單元測試架構的使用方法，與 unittest 相比，pytest 的功能更加強大，而且還有豐富的擴充函數庫，更適合用來做自動化測試。

（2）補充了 Jenkins 的使用方法。

（3）增加 appium 行動自動化測試工具的介紹。隨著行動網際網路的發展，行動自動化測試幾乎成為測試人員必備技能之一，appium 正是在 Selenium 的基礎上擴充而來的自動化工具。

當然，在上一本的基礎上，本書也刪減了部分內容。

（1）刪掉 Selenium IDE 相關的內容，越來越多的測試人員使用 WebDriver 撰寫自動化指令稿，Selenium IDE 作為瀏覽器的自動化外掛程式，已經很少有同學單獨使用它完成大型自動化專案了。

（2）刪掉 Python 多執行緒相關的內容。多執行緒的優點是可以加強自動化測試的執行速度，缺點是降低了自動化的穩定性。本書介紹減少測試使用案例執行時間的其他方法。

（3）刪掉 BDD 行為驅動開發相關的內容，本書更聚焦於自動化測試技術，所以，其他技術請參考專業的書進行學習。

在本書出版之際，Selenium4 已在開發當中，從 Selenium 官方列出的訊息來看，Selenium4 對於本書的內容影響很小。

最後，由於作者水準有限，書中難免有錯誤之處，希望你能將錯誤回饋給我，我將感激不盡。感謝編輯安娜，沒有她的幫助本書無法出版。感謝讀者的厚愛，正是你們的鼓勵和支援，才使我有動力完成本書。

蟲師

目錄 *Contents*

04　WebDriver API

05　自動化測試模型

06　unittest 單元測試架構

07　unittest 擴充

08　Page Object

09 pytest 單元測試架構

10 Selenium Grid

11 Jenkins 持續整合

12 appium 的介紹與安裝

13 appium 基礎

14 appium 測試實例

自動化測試基礎

1.1 分層的自動化測試

測試金字塔的概念由敏捷大師 Mike Cohn 在他的 Succeeding with Agile 一書中第一次提出。他的基本觀點是：我們應該有更多低階別的單元測試，而不僅僅是透過使用者介面執行點對點的高層測試。

測試金字塔如圖 1-1 所示。

圖 1-1 測試金字塔

Martin Fowler 大師在測試金字塔的基礎上提出分層自動化測試的概念。在自動化測試之前加了一個「分層」的修飾，用於區別「傳統的」自動化測試。那麼，什麼是傳統的自動化測試呢？

傳統的自動化測試，我們可以視為以產品 UI 層為基礎的自動化測試，它是將黑盒功能測試轉化為由程式或工具執行的一種自動化測試。

分層自動化測試，宣導的是從黑盒（UI）單層到黑盒和白盒多層的自動化測試，即從全面黑盒自動化測試到對系統的不同層次進行的自動化測試。分層自動化測試如圖 1-2 所示。

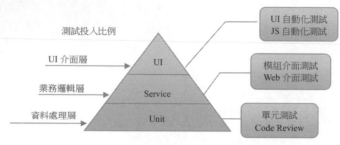

圖 1-2　分層自動化測試

1 單元自動化測試

單元自動化測試是指對軟體中的最小可測試單元進行檢查和驗證。

將單元測試交給測試人員去做，有利有弊，整體來説，由開發人員去做更為合適。

測試人員做單元測試的優勢是具備測試思維，在設計測試使用案例時考慮更加全面；但劣勢也很明顯，目前，大多數測試人員很難做到像開發人員一樣熟悉被測程式。

讓開發人員去寫單元測試，優勢非常明顯，沒有誰比開發人員更熟悉自己寫的程式，他們只需掌握單元測試架構的使用和一些常用的測試方法，即寫單元測試，而且定位 bug 時更加方便。

所以，測試人員可以教開發人員如何使用單元測試架構和測試方法，而非代替開發人員去寫單元測試。

2 介面自動化測試

Web 應用的介面自動化測試大致分為兩種：模組介面測試和協定介面測試。

（1）模組介面測試，主要測試程式模組之間的呼叫與傳回。它主要強調對一個可實現完整功能的類別、方法或函數的呼叫的測試。

（2）協定介面測試，主要測試對網路傳輸協定的呼叫，如 HTTP/SOAP 等，一般應用在前端和後端開發之間，以及不同專案之間。

模組介面測試更適合開發人員去做；協定介面測試既可以由開發人員去做，也可以由測試人員去做。

3 UI 自動化測試

UI 自動化測試以實現手動測試使用案例為主，可降低系統功能回歸測試的成本（人力成本和時間成本）。UI 自動化測試由部分功能測試使用案例提煉而來，更適合測試人員去做。

在《Google 測試之道》一書中，Google 把產品測試型態劃分為：小測試、中測試和大測試，採用 70%（小）、20%（中）和 10%（大）的比例，分別對應測試金字塔中的 Unit 層、Service 層和 UI 層。

1.2 適合自動化測試的專案

參考以下幾點：

（1）工作測試明確，不會頻繁變動。
（2）每日建構後的測試驗證。
（3）比較頻繁的回歸測試。
（4）軟體系統介面穩定，變動少。

（5） 需要在多平台上執行的相同測試案例、組合檢查型的測試，以及大量的重複工作。

（6） 軟體維護週期長。

（7） 專案進度壓力不太大。

（8） 被測軟體系統開發較為標準，能夠保障系統的可測試性。

（9） 具備大量的自動化測試平台。

（10）測試人員具備較強的程式設計能力。

當然，並非以上 10 項都具備的情況下才能開展自動化測試工作。根據我們的經驗，一般來說，滿足以下 3 個條件就可以對專案開展自動化測試。

（1） 軟體需求變動不頻繁。

（2） 專案週期較長。

（3） 自動化測試指令稿可重複使用。

1.3 如何學習 UI 自動化測試

要想學好以 Selenium/appium 為基礎的 UI 自動化測試，應從以下 3 個方面入手。

1 程式語言

Selenium/appium 支援多種程式語言（Java、Python、Ruby、C#、JavaScript 等），更準確地說，Selenium/appium 針對每種程式語言都開發了對應的 Selenium/appium 測試函數庫。

程式語言是基礎，UI 自動化是否可做好，除元素是否好定位外，更與自動化專案的設計有關，如何設計方便擴充和維護的自動化測試專案對 UI 自動化測試來說非常重要，而自動化專案的設計離不開紮實的程式設計基礎。

2 Selenium/appium API

Selenium（WebDriver）和 appium API 提供了操作 Web/App 的類別和方法。我們只需使用這些方法即可操作 Web 頁面上的元素，或 App 上面的控制項。

3 單元測試架構

如何定義一筆測試使用案例、如何組織和執行測試使用案例，以及如何統計測試使用案例的執行結果（總測試使用案例數、成功測試使用案例數、失敗測試使用案例數等），都是由單元測試架構實現的。單元測試架構是撰寫自動化測試使用案例的基礎。

1.4 Selenium 簡介

Selenium 經歷了三個大版本，Selenium 1.0、Selenium 2.0 和 Selenium 3.0。Selenium 不是由單獨一個工具組成的，而是由一些外掛程式和類別庫組成的，這些外掛程式和類別庫有其各自的特點和應用場景。Selenium 1.0 家族關係如圖 1-3 所示。

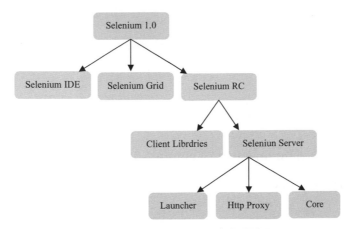

圖 1-3　Selenium 1.0 家族關係

◼ Selenium 1.0

（1）Selenium IDE

Selenium IDE 是嵌入在 Firefox 瀏覽器中的一個外掛程式，可實現簡單的瀏覽器操作的錄製與重播功能。

（2）Selenium Grid

Selenium Grid 是一個自動化測試輔助工具。利用 Grid 可以很方便地實現在多台機器上，或異質環境中執行測試使用案例。

（3）Selenium RC

Selenium RC（Remote Control）是 Selenium 家族的核心部分，支援多種不同語言撰寫的自動化測試指令稿。把 Selenium RC 的伺服器作為代理伺服器去存取應用，即可達到測試的目的。

Selenium RC 分 為 Client Libraries 和 Selenium Server 兩 部 分。Client Libraries 主要用於撰寫測試指令稿，負責控制 Selenium Server 的函數庫。Selenium Server 負責控制瀏覽器行為。

Selenium Server 主要分為三部分：Selenium Core、Launcher 和 Http Proxy。Selenium Core 就是一堆 JavaScript 函數的集合。透過這些 JavaScript 函數，我們可以用程式對瀏覽器操作。Launcher 用於啟動瀏覽器，把 Selenium Core 載入到瀏覽器頁面當中，同時，把瀏覽器的代理設定為 Http Proxy。

◼ Selenium 2.0

Selenium 2.0 把 WebDriver 加到了 Selenium1.0 這個家族中，簡單用公式表示如下：

$$Selenium\ 2.0 = Selenium\ 1.0 + WebDriver$$

需要注意的是，在 Selenium 2.0 中主推的是 WebDriver，可以將其看作 Selenium RC 的替代品。為了保持向下的相容性，Selenium 2.0 並沒有徹底拋棄 Selenium RC。

Selenium RC 與 WebDriver 的工作方式具有基本的差異。

Selenium RC 是在瀏覽器中執行 JavaScript 應用，使用瀏覽器內建的 JavaScript 翻譯器來翻譯和執行 selenese 的（selenese 是 Selenium 指令集合）。

WebDriver 透過原生瀏覽器支援或瀏覽器擴充來直接控制瀏覽器。WebDriver 是針對各個瀏覽器而開發的，取代了嵌入被測 Web 應用中的 JavaScript。WebDriver 與瀏覽器緊密整合，支援建立更進階的測試，避免了 JavaScript 安全模型導致的限制。除來自瀏覽器廠商的支援外，WebDriver 還可利用作業系統級的呼叫，模擬使用者輸入。

Selenium 與 WebDriver 原本屬於兩個不同的專案，WebDriver 的建立者 Simon Stewart 早在 2009 年 8 月的一封郵件中解釋了專案合併的原因。

> 提示 ：Selenium 與 WebDriver 合併的原因：為何把兩個專案合併？一部分原因是 WebDriver 解決了 Selenium 的缺點（例如，能夠繞過 JavaScript 沙盒），另一部分原因是 Selenium 解決了 WebDriver 存在的問題（例如，支援廣泛的瀏覽器），還有一部分原因是 Selenium 的主要貢獻者和我都覺得合併專案是提供給使用者最優秀架構的最佳途徑。

3 Selenium 3.0

2016 年 7 月，Selenium 3.0 悄悄發佈了第一個 beta 版。Selenium 3.0 做了以下更新。

（1）去掉了 Selenium RC，簡單用公式表示如下：

$$Selenium\ 3.0 = Selenium\ 2.0 - Selenium\ RC$$

（2）Selenium 3.0 只支援 Java 8 以上版本。

（3）Selenium 3.0 中的 Firefox 瀏覽器驅動獨立了。Selenium 2.0 測試函數庫預設是整合 Firefox 瀏覽器驅動的，在 Selenium 3.0 中，Firefox 瀏覽器和 Chrome 瀏覽器一樣，在使用前需要下載和設定瀏覽器驅動。

（4）mac OS 作業系統整合了 Safari 的瀏覽器驅動，該驅動預設在 /usr/
bin/safaridriver 目錄下。

（5）只支援 IE 9.0 以上版本。

4 Selenium IDE

Selenium IDE 同樣是 Selenium 的家族成員。Selenium IDE 有兩個版本，
舊版的 Selenium IDE 是以 Firefox 瀏覽器擴充為基礎的，如圖 1-4 所示。

圖 1-4 舊版的 Selenium IDE

它提供了比較完備的自動化功能，如指令稿錄製 / 重播、定時工作等；還
可以將錄製的指令稿導成不同程式語言的 Selenium 測試指令稿，這可以
快速地幫助新手撰寫測試使用案例。

但舊版的 Selenium IDE 不支援 Firefox 新版本支援的 API，因此 Selenium
團隊重新開發了新版的 Selenium IDE，可以同時支援 Chrome、Firefox 以
及其他瀏覽器。

專案位址：https://github.com/SeleniumHQ/selenium-ide。

新版的 Selenium IDE 如圖 1-5 所示，功能比較簡單，本書不再對 Selenium IDE 介紹。

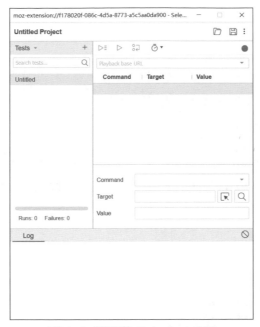

圖 1-5　新版的 Selenium IDE

1.5　appium 簡介

appium 是目前行動平台上主流的自動化測試工具之一。

appium 是一個合成詞，分別由 "application" 的前三個字母和 "Selenium" 的後三個字母組成。application 為「應用」，我們一般把行動平台上的應用簡稱為 App。Selenium 是目前主流的 Web UI 自動化測試工具，appium 與 Selenium 之間是有繼承關係的。appium 的寓意是：行動端的 Selenium 自動化測試工具。

appium 是一個開放原始碼自動化測試工具，支援 iOS 和 Android 平台上的原生應用、Web 應用以及混合應用。

原生應用：是指那些用 iOS 或 Android SDK 開發的應用（App）。

Web 應用：是指可以使用行動瀏覽器（如 iOS 上的 Safari 和 Android 上的 Chrome）存取的應用。

混合應用：是指用原生程式封裝網頁視圖，原生程式和 Web 內容互動的應用。例如，微信小程式，可以幫助開發者使用網頁技術開發應用，然後用原生程式封裝。

更重要的是，appium 是一個跨平台的測試工具，它允許測試人員在不同的平台（iOS、Android）使用同一套 API 撰寫自動化測試指令稿，這大幅增加了 iOS 和 Android 測試套件之間程式的重複使用性。

✐ appium 與 Selenium

appium 類別庫封裝了標準 Selenium 用戶端類別庫，提供給使用者常見的 JSON 格式的 Selenium 指令，以及額外的行動裝置控制相關的指令，如多點觸控手勢和螢幕方向等操作。

appium 用戶端 API 實現了 Mobile JSON Wire Protocol（一個標準協定的官方擴充草稿）和 W3C WebDriver spec（一個傳輸不可預知的自動化協定，該協定定義了 MultiAction 介面）的元素。

appium 伺服器定義了官方協定的擴充，為 appium 使用者提供方便的介面來執行各種裝置動作，例如，在測試過程中安裝 / 移除 App 等。這也是我們需要安裝 appium 特定的用戶端，而非通用的 Selenium 用戶端的原因。當然，appium 用戶端 API 只是增加了部分操作，在 Selenium 用戶端的基礎上進行了簡單的擴充，因此它們仍然可以用來執行通用的 Selenium 階段。

測試環境架設

2.1 安裝 Python

官網：https://www.python.org

Python 語言是由 Guido van Rossum 於 1989 年開發的，1991 年發行第一個公開發行版本。因為早期的 Python 版本在基礎設計方面存在著一些不足之處，所以 2008 年 Guido van Rossum 重新發佈了 Python（當時命名為 Python 3000）。Python 3 在設計的時候極佳地解決了之前的遺留問題，但是 Python 3 的最大的問題是不完全向後相容，當時向後相容的版本是 Python 2.6。

Guido van Rossum 宣佈對 Python 2.7 的技術支援時間延長到 2020 年。Python 2.7 是 2.x 系列的最後一個版本，本書推薦使用 Python 3.x。

你可以根據自己的平台選擇對應的版本進行下載。對 Windows 使用者來說，如果是 32 位元系統，則選擇 x86 版本；如果是 64 位元系統，則選擇 64 版本。下載完成後會獲得一個 .exe 檔案，雙擊進行安裝即可。

Python 安裝介面如圖 2-1 所示。

圖 2-1 Python 安裝介面

安裝過程與一般的 Windows 程式類似,注意選取 "Add Python 3.7 to PATH"。

安裝完成後,在「開始」選單中可以看到安裝好的 Python 目錄,如圖 2-2 所示。

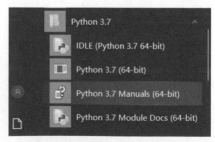

圖 2-2 Python 目錄

在 Windows 命令提示字元下輸入 "python" 指令,可以進入 Python Shell 模式,如圖 2-3 所示。

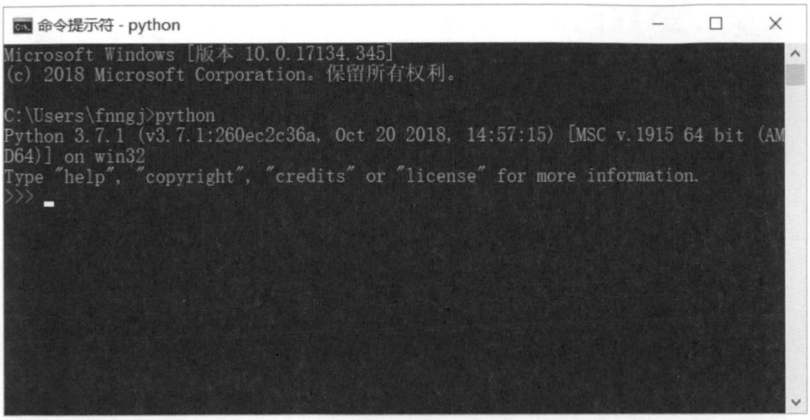

圖 2-3 Windows 命令提示字元

提示：如果提示 "python" 既不是內部指令，也不是外部指令，那麼你需
要把 Python 的安裝目錄增加到系統變數 Path 中，操作步驟如下。

按右鍵桌面上的「此電腦」，開啟右鍵選單，點擊「屬性→進階系統設定
→進階→環境變數」，在「系統變數」的 "Path" 中增加：

變數名稱：Path

變數值：;C:\Python37

2.2 安裝 Selenium

最新的 Python 安裝程式已經整合了 pip，pip 可以幫助我們方便地管理
Python 協力廠商套件（函數庫）。我們可以在 ...\Python37\Scripts\ 目錄
下檢視是否存在 pip.exe 檔案，並確保該目錄已增加到「環境變數」的
"PATH" 下面。開啟 Windows 命令提示字元，輸入 "pip" 指令，確保該指
令可以執行。

透過 "pip" 指令安裝 Selenium 套件。

```
> pip install selenium
```

Pip 的常用指令如下。

```
> pip install selenium==3.11.0      # 安裝指定版本編號
> pip install -U selenium           # 安裝最新版本編號
> pip show selenium                 # 檢視目前套件的版本資訊
> pip uninstall selenium            # 移除 Selenium
```

2.3　第一個 Selenium 自動化測試指令稿

下面撰寫第一個 Selenium 自動化測試指令稿，建立 test_baidu.py 檔案。

```
from selenium import webdriver

driver = webdriver.Chrome()
driver.get("https://www.baidu.com")

driver.find_element_by_id("kw").send_keys("Selenium")
driver.find_element_by_id("su").click()
driver.quit()
```

▶ 第 1 行程式，匯入 selenium 下面的 webdriver 模組。
▶ 第 2 行程式，呼叫 webdriver 模組下的 Chrome() 類別（注意大小寫），設定值給變數 driver。
▶ 第 3 行程式，透過 driver 變數，呼叫 Chrome() 類別提供的 get() 方法存取百度首頁。
▶ 第 4、5 行程式，透過 find_element_by_id() 方法分別定位頁面上的元素，並且透過 send_keys() 和 click() 做輸入、點擊操作。
▶ 第 6 行程式，透過 quit() 關閉瀏覽器。

接下來，你可以選擇自己熟悉的 Python 編輯器 /IDE 來執行這段程式。如
果你是第一次使用 Python 語言，並且沒有程式設計基礎，那麼也可以使
用 Python 附帶的 IDLE，主流的 Python 編輯器 /IDE 有 Sublime Text3、
Atom、VS Code 和 PyCharm，都是免費的，你不妨下載且體驗一番，選
擇適合自己的。

2.4 瀏覽器驅動

當執行第 2.3 節中的程式時，可能會遇到以下顯示出錯。

```
Traceback (most recent call last):
  File "C:\Python37\lib\site-packages\selenium\webdriver\common\
service.py", line 76, in start
    stdin=PIPE)
  File "C:\Python37\lib\subprocess.py", line 709, in __init__
    restore_signals, start_new_session)
  File "C:\Python37\lib\subprocess.py", line 997, in _execute_child
    startupinfo)
FileNotFoundError: [WinError 2] 系統找不到指定的檔案。

During handling of the above exception, another exception occurred:

Traceback (most recent call last):
  File "baidu_test.py", line 3, in <module>
    driver = webdriver.Chrome()
  File "C:\Python36\lib\site-packages\selenium\webdriver\chrome\
webdriver.py", line 68, in __init__
    self.service.start()
  File "C:\Python37\lib\site-packages\selenium\webdriver\common\
service.py", line 83, in start
    os.path.basename(self.path), self.start_error_message)
```

```
selenium.common.exceptions.WebDriverException: Message: 'chromedriver'
executable needs to be in PATH. Please see https://sites.google.com/a/
chromium.org/chromedriver/home
```

不要害怕顯示出錯，我們要學會檢視錯誤訊息，並從中找到解決方法。

"File "baidu_test.py", line 3"，Python 告訴我們錯誤在 baidu_test.py 檔案的第 3 行。第 3 行程式是：

```
driver = webdriver.Chrome()
```

該行程式會呼叫 Chrome() 類別，用於啟動 Chrome 瀏覽器。最後，拋出 WebDriverException 例外，資訊如下：

```
Message: 'chromedriver' executable needs to be in PATH. Please see
https://sites.google.com/a/chromium.org/chromedriver/home
```

告訴我們需要將 Chrome 瀏覽器對應的 ChromeDriver 驅動檔案增加到「環境變數」的 Path 中。

各瀏覽器驅動下載網址如下。

GeckoDriver（Firefox）：
https://github.com/mozilla/geckodriver/releases

ChromeDriver（Chrome）：
https://sites.google.com/a/chromium.org/chromedriver/home

IEDriverServer（IE）：
http://selenium-release.storage.googleapis.com/index.html

OperaDriver（Opera）：
https://github.com/operasoftware/operachromiumdriver/releases

MicrosoftWebDriver（Edge）：

https://developer.microsoft.com/en-us/microsoft-edge/tools/ webdriver

1 設定瀏覽器驅動

設定瀏覽器的方式非常簡單。我們可以手動建立一個儲存瀏覽器驅動的目錄，如 D:\drivers，將下載的瀏覽器驅動檔案（例如 ChromeDriver、GeckoDriver）放到該目錄下。

按右鍵「此電腦」，在右鍵選單中點擊「屬性→進階系統設定→進階→環境變數→系統變數→ Path」，將 "D:\drivers" 目錄增加到 Path 中。

變數名稱：Path
變數值：;D:\ drivers

2 驗證瀏覽器驅動

下面驗證不同的瀏覽器驅動是否能正常使用，當然，你需要在作業系統中安裝這些瀏覽器。

```
from selenium import webdriver

driver = webdriver.Firefox()     # Firefox 瀏覽器
driver = webdriver.Chrome()      # Chrome 瀏覽器
driver = webdriver.Ie()          # Internet Explorer 瀏覽器
driver = webdriver.Edge()        # Edge 瀏覽器
driver = webdriver.Opera()       # Opera 瀏覽器
```

Python 基礎

如果你已經有 Python 基礎，那麼可以跳過本章，本章是特意為 Python 新手準備的。透過對本章的學習，讀者可以快速掌握 Python 的基礎語法，這是撰寫自動化測試必須要掌握的。

3.1 Python 哲學

在實際學習 Python 之前，我們先來看一些有趣的東西。在 Python IDLE 的 Shell 模式下輸入 "import this"，將會看到如圖 3-1 所示的一段話。

```
Python 3.7.1 Shell                                              —  □  ×
File  Edit  Shell  Debug  Options  Window  Help
Python 3.7.1 (v3.7.1:260ec2c36a, Oct 20 2018, 14:57:15) [MSC v.1915 64 bit (AMD6
4)] on win32
Type "help", "copyright", "credits" or "license()" for more information.
>>> import this
The Zen of Python, by Tim Peters

Beautiful is better than ugly.
Explicit is better than implicit.
Simple is better than complex.
Complex is better than complicated.
Flat is better than nested.
Sparse is better than dense.
Readability counts.
Special cases aren't special enough to break the rules.
Although practicality beats purity.
Errors should never pass silently.
Unless explicitly silenced.
In the face of ambiguity, refuse the temptation to guess.
There should be one-- and preferably only one --obvious way to do it.
Although that way may not be obvious at first unless you're Dutch.
Now is better than never.
Although never is often better than *right* now.
If the implementation is hard to explain, it's a bad idea.
If the implementation is easy to explain, it may be a good idea.
Namespaces are one honking great idea -- let's do more of those!
>>>
                                                              Ln: 25  Col: 4
```

圖 3-1 Python 之禪（The Zen of Python）

Beautiful is better than ugly.	優美勝於醜陋。
Explicit is better than implicit.	明確勝於晦澀。
Simple is better than complex.	簡單勝過複雜。
Complex is better than complicated.	複雜勝過凌亂。
Flat is better than nested.	扁平勝於嵌套。
Sparse is better than dense.	間隔勝於緊湊。
Readability counts.	可讀性很重要。
Special cases aren't special enough to break the rules.	即使假借特例的實用性之名，也不能違背這些原則。
Although practicality beats purity.	雖然實用性次於純度。
Errors should never pass silently.	錯誤不應該被無聲地忽略。
Unless explicitly silenced.	除非明確的沉默。
In the face of ambiguity, refuse the temptation to guess.	當存在多種可能時，不要嘗試去猜測。
There should be one-and preferably only one-obvious way to do it.	應該有一個，最好只有一個，很明顯可以做到這一點。
Although that way may not be obvious at first unless you're Dutch.	雖然這種方式可能不容易，除非你是 Python 之父。
Now is better than never.	現在做總比不做好。
Although never is often better than *right* now.	雖然過去從未比現在好。
If the implementation is hard to explain, it's a bad idea.	如果這個實現不容易解釋，那麼它一定是個壞主意。
If the implementation is easy to explain, it may be a good idea.	如果這個實現容易解釋，那麼它很可能是個好主意。
Namespaces are one honking great idea -- let's do more of those!	命名空間是一種絕妙的理念，應當多加利用！

這就是 Python 之禪,也可以看作 Python 設計哲學。在接下來的 Python
學習中可體會到這種設計哲學。

3.2 輸出

一般程式語言的教學都是從列印 "Hello World !" 開始的,我們這裡也不
能免俗,下面就從列印 "Hello Python" 開始。

3.2.1 列印

Python 提供 print() 方法來列印資訊,在 Python IDLE 中輸入以下資訊。

```
>>> print("hello python")
hello python
```

可列印出 "hello Python" 字串。但是,有時候我們列印的資訊並不是固定
的,下面來看如何格式化輸出。

```
>>> name = "tom"
>>> age = 27

>>> print("name is : " + name + ", age is : " + str(age))
name is : tom, age is : 27

>>> print("name is : %s, age is : %d" %(name, age))
name is : tom, age is : 27

>>> print("name is : {}, age is : {}".format(name, age))
name is : tom, age is : 27
```

這裡分別定義了 name 和 age 變數,並用三種方式實行格式化輸出。

第一種透過連接子（＋）進行連接。注意，age 是整數，所以需要透過 str() 方法將整數轉換成字串。

第二種透過格式符（%s、%d）進行取代，其中，%s 用於指定字串，%d（data）用於指定數字。如果不確定待列印的資料的型態，則可以用 %r 表示。

第三種透過格式化函數 format() 進行格式化。這種方式是大多數程式設計師推薦的。如果不指定位置，就按照預設順序。當然，也可以透過 {0}、{1} 指定位置，或用變數指定對應關係，範例如下。

```
>>> print("name is : {1}, age is : {0}".format(age, name))
name is : tom, age is : 27
>>> print("name is : {n}, age is : {a}".format(n=name, a=age))
name is : tom, age is : 27
```

3.2.2 引號與註釋

在 Python 中是不區分單引號（"）與雙引號（""）的。也就是說，單引號和雙引號都可以用來表示一個字串。

```
>>> print("hello")
hello
>>> print('world')
world
```

單引號與雙引號可以互相嵌套使用，但不能交叉使用。

```
>>> print(" 你說：' 早上你好 '")
你說：' 早上你好 '


>>> print(' 我說："今天天氣不錯 "')
我說："今天天氣不錯 "
```

```
>>> print(" 你微笑著 ' 向我打招呼 " 。')
  File "<stdin>", line 1
    print(" 你微笑著 ' 向我打招呼 " 。')
                      ^
SyntaxError: invalid character in identifier
```

再來看看註釋，基本上每種語言都會提供單行註釋和多行註釋。Python
的單行註釋用井號（#）表示。建立一個 2_annotation.py 檔案。

```
# 單行註釋
print("hell world") # 列印 hello world
```

單行註釋一般寫在程式的前一行或程式尾端。

多行註釋用三引號表示，同樣不區分單、雙引號。

```
"""
功能：自動化測試
作者：蟲師
日期：2018-03-09
"""


'''
This is a
Multi line comment
'''
```

3.3　分支與循環

結構化程式實際上是由順序、分支和循環三種基本結構組成的。

3.3.1 if 敘述

和大多數語言一樣，Python 透過 if 敘述實現分支判斷，一般語法為 if…
else。建立 3_if.py 檔案。

```
a = 2
b = 3
if a > b:
    print("a max!")
else:
    print("b max!")
```

上面的敘述分別對 a 和 b 設定值，透過 if 敘述判斷 a 和 b 的大小。如果 a
大於 b，則輸出 "a max!"，否則輸出 "b max!"。

需要強調的是，Python 沒有像其他大多數語言一樣使用 "{ }" 表示敘述
體，而是透過敘述的縮排來判斷敘述體，縮排預設為 4 個空格。

if 敘述透過 "==" 運算子判斷相等，透過 "!=" 運算子判斷不相等。

```
if 2+2 == 4:
    print("true")
else:
    print("false")
```

除此之外，if 敘述還可以用 "in" 和 "not in" 判斷字串是否包含。

```
s = "hello"
ss = "hello world"
if s in ss:
    print("Contain")
else:
    print("Not Contain")
```

if 敘述還可以進行布林（True/False）型態的判斷。

```
if True:
    print("true")
else:
    print("false")
```

下面透過一個多重條件判斷來結束 if 敘述的學習。

```
# 成績
result = 72
if result >= 90:
    print(' 優秀 ')
elif result >= 70:
    print(' 良好 ')
elif result >= 60:
    print(' 及格 ')
else:
    print(' 不及格 ')
```

根據結果劃分為四個等級，分別為「優秀」、「良好」、「及格」和「不及格」。72 分屬於哪個等級呢，執行一下上面的程式吧！

3.3.2 for 敘述

Python 同樣提供了 while 循環，但從大多數程式設計師的習慣來看，它的使用頻率遠不及 for 循環，所以這裡重點介紹 for 循環的使用。Python 中 for 循環的使用更加簡單靈活。例如，我們可以直接對一個字串進行循環檢查。

```
# 循環檢查字串
for s in "hello":
    print(s)
```

執行程式,結果如下。

```
=================== RESTART: D:/python_base/3_for.py ===================
h
e
l
l
o
```

當然,也可以對一個列表(稍後學習 Python 中的列表)進行循環檢查。

```
# 循環檢查列表
fruits = ['banana', 'apple', 'mango']

for fruit in fruits:
    print(fruit)
```

如果需要進行一定次數的循環,則需要借助 range() 函數。

```
# 循環檢查 5 次
for i in range(5):
    print(i)
```

輸出結果為:0~4。range() 函數預設從 0 開始循環,我們也可以為其設定起始位置和步進值。例如,列印 1 到 10 之間的奇數。

```
# 列印 1~10 之間的奇數
for i in range(1, 10, 2):
    print(i)
格式:range(start, end[,step])
```

在 range() 函數中,start 表示起始位置,end 表示結束位置,step 表示每次循環的步進值。執行上面的程式,輸出結果為 "1 3 5 7 9"。

3.4 列表、元組與字典

列表、元組與字典是最常見的用於儲存資料的形式,在 Python 中,它們的用法非常靈活,下面進行簡單的介紹。

3.4.1 列表

列表(即 list,也可以稱為「陣列」)用中括號([])表示,裡面的每個元素用逗點(,)隔開。

```python
# 定義列表
lists = [1, 2, 3, 'a', 5]

# 列印列表
print(lists)

# 列印列表中的第 1 個元素
print(lists[0])

# 列印列表中的第 5 個元素
print(lists[4])

# 列印列表中的最後一個元素
print(lists[-1])

# 修改列表中的第 5 個元素為 "b"
lists[4] = 'b'
print(lists)

# 在列表尾端增加元素
lists.append('c')
print(lists)
```

```
# 刪除列表中的第一個元素
lists.pop(0)
print(lists)
```

Python 允許在一個列表裡面任意地放置數字或字串。列表的索引是從 0
開始的，所以，lists[0] 會輸出列表中的第一個元素。append() 方法可以
向列表尾端追加新的元素，pop() 方法用於刪除指定位置的元素。

3.4.2 元組

Python 的元組與列表類似，元組使用小括號（()）表示。

```
# 定義元組
tup1 = ('a', 'b', 3, 4)
tup2 = (1, 2, 3)

# 檢視元組
print(tup1[0])
print(tup2[0:2])

# 連接元組
tup3 = tup1 + tup2
print(tup3)

# 複製元組
tup4 = ("Hi!")
print(tup4 * 3)
```

那麼元組與列表有什麼區別呢？唯一的區別是：列表是可變的，即可以
追加、修改或刪除其中的元素，而元組是不可變的。下面透過實例示範
兩者的區別。

```
# 定義列表
>>> my_list = [1,2,3]
```

```
# 定義元組
>>> my_tup = (1,2,3)
>>>
>>> my_list.append(4)
>>> my_tup.append(4)
Traceback (most recent call last):
  File "<pyshell#7>", line 1, in <module>
    my_tup.append(4)
AttributeError: 'tuple' object has no attribute 'append'
```

元組並不提供 append() 方法來追加元素，所以，當不確定元素個數時建議使用列表，當提前知道元素數量時使用元組，因為元素的位置很重要。

3.4.3 字典

字典用大括號（{}）表示，每個元素由一個 key 和一個 value 組成，key 與 value 之間用冒號（:）分隔，不同的元素之間用逗點（,）分隔。

```
# 定義字典
dicts = {"username":"zhangsan",'password':123456}

# 列印字典中的所有 key
print(dicts.keys())

# 列印字典中的所有 value
print(dicts.values())

# 在字典中增加鍵 / 值對
dicts["age"] = 22

# 循環列印字典 key 和 value
for k, v in dicts.items():
    print("dicts keys is %r " %k)
```

```
    print("dicts values is %r " %v)

# 刪除鍵是 'password' 的項
dicts.pop('password')

# 列印字典以列表方法傳回
print(dicts.items())
```

> **提示**：Python 規定一個字典中的 key 必須是獨一無二的，value 可以相同。

keys() 方法傳回字典 key 的列表，values() 方法傳回字典 value 的列表，items() 方法將所有的字典元素以列表形式傳回，這些列表中的每一項都包含 key 和 value。pop() 方法透過指定 key 來刪除字典中的某元素。

3.5 函數、類別和方法

如果想撰寫更複雜的程式，就必須學會函數、類別和方法。

3.5.1 函數

在 Python 中用 def 關鍵字來定義函數。

```
# 定義 add() 函數
def add(a, b):
    print(a + b)

# 呼叫 add() 函數
add(3, 5)
```

建立一個 add() 函數，此函數接收 a、b 兩個參數，透過 print() 列印 a+b 的結果。下面呼叫 add() 函數，並且傳 3 和 5 兩個參數給 add() 函數。

```
def add(a, b):
    return a + b


c = add(3, 5)
print(c)
```

通常 add() 函數不會直接列印結果，而是將結果透過 return 關鍵字傳回。所以，需要使用變數 c 接收 add() 函數的傳回值，並透過 print() 方法列印。

如果不想呼叫 add() 函數為其傳參數，那麼也可以為 add() 函數設定預設參數。

```
def add(a=1, b=2):
    return a + b


c1 = add()
c2 = add(3, 5)
print(c1)
print(c2)
```

如果呼叫時不傳參數，那麼 add() 函數會使用預設參數進行計算，否則計算參數的值。

3.5.2 類別和方法

在物件導向程式設計的世界裡，一切皆為物件，抽象的一組物件就是類別。例如，汽車是一個類別，而張三家的奇瑞汽車就是一個實際的物件。在 Python 中，用 class 關鍵字建立類別。

```
# 定義MyClass 類別
class MyClass(object):

    def say_hello(self, name):
        return "hello, " + name

# 呼叫MyClass 類別
mc = MyClass()
print(mc.say_hello("tom"))
```

上面建立了一個 MyClass 類別（在 Python 3 中，object 為所有類別的基礎類別，所有類別在建立時預設繼承 object，所以不宣告繼承 object 也可以），在類別下面建立一個 add() 方法。方法的建立同樣使用 def 關鍵字，與函數的唯一區別是，方法的第一個參數必須宣告，一般習慣命名為 "self"，但在呼叫這個方法時並不需要為該參數設定數值。

一般在建立類別時會先聲明初始化方法 __init__()。

注意：init 的兩側是雙底線，當我們呼叫該類別時，可以用來進行一些初始化工作。

```
class A:

    def --init-- (self, a, b):
        self.a = int(a)
        self.b = int(b)

    def add(self):
        return self.a + self.b

# 呼叫類別時需要傳入初始化參數
```

```
count = A('4', 5)
print(count.add())
```

當我們呼叫 A 類別時，會執行它的 __init__() 方法，所以需要給它傳參數。初始化方法將輸入的參數型態轉化為整數，這樣可以在某種程度上保障程式的容錯性。而 add() 方法可以直接拿初始化方法 __init__() 的 self.a 和 self.b 兩個數進行計算。所以，我們在呼叫 A 類別下面的 add() 方法時，不需要再傳參數。

繼續建立 B 類別，並繼承 A 類別。

```
# B 類別繼承 A 類別
class B(A):

    def sub(self, a, b):
        return a - b

print(B(2，3).add())
```

在 B 類別中實現 sub() 方法。因為 B 類別繼承 A 類別，所以 B 類別自然也擁有 add() 方法，進一步可以直接透過 B 類別呼叫 add() 方法。

3.6　模組

模組，一般稱為類別庫或模組。在實際開發中，我們不可避免地會用到 Python 的標準模組和協力廠商函數庫。如果要實現與時間有關的功能，就需要呼叫 Python 標準模組 time。如果要實現 Web 自動化測試，就需要呼叫 Python 協力廠商函數庫 Selenium。

3.6.1 呼叫模組

透過 import 關鍵字呼叫 time 模組。

```
# 呼叫 time 模組
import time


print(time.ctime())
```

time 模組下的 ctime() 函數用於獲得目前時間,格式為 Thu Mar 1515:52:312018。

當然,如果確定只會用到 time 模組下面的 ctime() 函數,那麼也可以用 from import 直接匯入 ctime() 函數。

```
# 直接匯入 ctime() 函數
from time import ctime


print(ctime())
```

這裡不必告訴 Python,ctime() 函數是 time 模組提供的。有時候我們可能還會用到 time 模組下面的其他函數,如 time() 函數、sleep() 函數等,可以用下面的方法匯入多個函數。

```
# 直接匯入 time 模組下的多個函數
from time import time, sleep
```

假設我們會用到 time 模組下面的所有函數,但又不想在使用過程中為每個函數加 time. 字首,那麼可以使用星號(*)一次性把 time 模組下面的所有函數都匯入進來。

```
# 匯入 time 模組下的所有函數
from time import *
```

```
print(ctime())
print(" 休眠兩秒 ")
sleep(2)
print(ctime())
```

星號 "*" 用於表示模組下面的所有函數，但並不推薦這樣做。

如果匯入的函數剛好與自己定義的函數名稱重複，那麼可以用 "as" 對匯入的函數重新命名。

```
# 對匯入的 sleep 函數重新命名
from time import sleep as sys_sleep


def sleep(sec):
    print("this is I defined sleep() ")
```

這裡將 time 模組下面的 sleep() 函數重新命名為 sys_sleep，用於區別目前檔案中定義的 sleep() 函數。

你可能會好奇，time 模組到底在哪裡？為什麼 import 進來就可以用了？這是 Python 提供的核心方法，而且經過了編譯，所以我們無法看到 ctime() 函數是如何取得系統目前時間的。不過，我們可以透過 help() 方法檢視 time 模組的幫助說明。

```
>>> import time
>>> help(time)
Help on built-in module time:

NAME
    time - This module provides various functions to manipulate time values.

DESCRIPTION
    There are two standard representations of time.  One is the number
    of seconds since the Epoch, in UTC (a.k.a. GMT).  It may be an integer
```

or a floating point number (to represent fractions of seconds).
The Epoch is system-defined; on Unix, it is generally January 1st, 1970.
The actual value can be retrieved by calling gmtime(0).

The other representation is a tuple of 9 integers giving local time.
The tuple items are:
  year (including century, e.g. 1998)
  month (1-12)
  day (1-31)
  hours (0-23)
  minutes (0-59)
  seconds (0-59)
  weekday (0-6, Monday is 0)
  Julian day (day in the year, 1-366)
  DST (Daylight Savings Time) flag (-1, 0 or 1)
If the DST flag is 0, the time is given in the regular time zone;
if it is 1, the time is given in the DST time zone;
if it is -1, mktime() should guess based on the date and time.

Variables:

timezone -- difference in seconds between UTC and local standard time
altzone -- difference in seconds between UTC and local DST time
daylight -- whether local time should reflect DST
tzname -- tuple of (standard time zone name, DST time zone name)

Functions:

time() -- return current time in seconds since the Epoch as a float
clock() -- return CPU time since process start as a float
sleep() -- delay for a number of seconds given as a float
gmtime() -- convert seconds since Epoch to UTC tuple
localtime() -- convert seconds since Epoch to local time tuple
asctime() -- convert time tuple to string

```
    ctime() -- convert time in seconds to string
    mktime() -- convert local time tuple to seconds since Epoch
    strftime() -- convert time tuple to string according to format
specification
    strptime() -- parse string to time tuple according to format
specification
tzset() -- change the local timezone
```

Python 安裝的協力廠商函數庫或架構預設儲存在 ..\Python37\Lib\site-packages\ 目錄下面，如果你已經學習了第 2 章並安裝 Selenium，可以在該目錄下找到 Selenium 目錄。呼叫協力廠商函數庫的方式與呼叫 Python 附帶模組的方式一致。

3.6.2 自訂模組

除可呼叫 Python 附帶模組和協力廠商函數庫外，我們還可以自己建立一些模組。對一個軟體專案來說，不可能把所有程式都放在一個檔案中實現，一般會根據功能劃分為不同的模組，儲存在不同的目錄和檔案中。

下面建立一個目錄 project1，並在目錄下建立兩個檔案，結構如下：

```
project1/
├── calculator.py
└── test.py
```

在 calculator.py 檔案中建立 add() 函數。

```
# 建立 add() 函數
def add(a, b):
    return a + b
```

在相同的目錄下再建立一個檔案 test.py，匯入 calculator.py 檔案中的 add() 函數。

```
# 匯入 calculator 檔案中的 add 函數
from calculator import add

print(add(4,5))
```

這樣就實現了跨檔案的函數匯入。

> **知識延伸**：如果你細心，一定會發現在執行 test.py 程式之後，project 目錄下多了一個 __pycache__/calculator.cpython-37.pyc 檔案，它的作用是什麼呢？
>
> 為了加強模組載入速度，每個模組都會在 __pycache__ 資料夾中放置該模組的預先編譯模組，命名為 module.version.pyc。version 是模組的預先編譯版本編碼，通常會包含 Python 的版本編號。例如，在 CPython 發行版本 3.7 中，calculator.py 檔案的預先編譯檔案是：__pycache__/calculator.cpython-37.pyc。

3.6.3 跨目錄呼叫檔案

如果呼叫檔案與被呼叫檔案在同一個目錄下，則可以非常方便地呼叫。如果呼叫檔案與被呼叫檔案不在同一個目錄下，應怎樣呼叫呢？假設檔案目錄結構如下：

```
project2/
├── module/
│   └── calculator.py
└── test/
    └── test.py
```

test.py 檔案要想呼叫 calculator.py 檔案就比較麻煩了。我們先來明白另一個問題：Python 是如何尋找 import 模組的。

先在 test.py 檔案中撰寫以下程式並執行。

```
import sys
print(sys.path)
```

列印結果如下：

```
['D:\\git\\book-code\\python_base\\project2\\test',
'C:\\Python37\\python37.zip',
'C:\\Python37\\DLLs',
'C:\\Python37\\lib',
'C:\\Python37',
'C:\\Python37\\lib\\site-packages']
```

當我們呼叫（import）一個檔案時，如呼叫 calculator.py 檔案，Python 將按照這個列表，由上到下依次在這些目錄中尋找名為 calculator 的目錄或檔案。顯然這個列表中並沒有 calculator.py 檔案。

所以，自然無法呼叫 calculator 檔案。

calculator.py 檔案的絕對路徑是：

```
D:\\git\\book-code\\python_base\\project2\\module
```

明白了這一點，跨目錄呼叫檔案的問題就很好解決了，我們只需將 calculator.py 檔案所屬的目錄增加到系統的 Path 中即可。

```
import sys
sys.path.append("D:\\git\\book-code\\python_base\\project2\\module")
from calculator import add

print(add(2, 3))
```

這樣，問題就解決了。但是，當程式中出現 D:\\git\\book-code\\python_base\\project2\\ module 這樣的絕對路徑時，專案的可攜性就會變得很差，因為你寫的程式需要傳送到 Git，其他開發人員需要拉取這些程式並執行，你不能要求所有開發人員的專案路徑都和你保持一致。所以，我們應該避免在專案中寫絕對路徑。

進一步最佳化上面的程式如下。

```
import sys
from os.path import dirname, abspath

project_path = dirname(dirname(abspath(__file__)))
sys.path.append(project_path + "\\module")
from  calculator import add

print(add(2,3))
```

__file__ 用於取得檔案所在的路徑，呼叫 os.path 下面的 abspath(__file__) 可以獲得檔案的絕對路徑：

```
D:\\git\\book-code\\python_base\\project2\\test\test.py
```

dirname() 函數用於取得上級目錄，所以當兩個 dirname() 函數嵌套使用時，獲得的目錄如下：

```
D:\\git\\book-code\\python_base\\project2
```

將該路徑與 "\\module" 目錄連接，可獲得 calculator.py 檔案的所屬目錄，增加到 Path 即可。這樣做的好處是，只要 project2 專案中的目錄結構不變，在任何環境下都可以正常執行。

3.6.4 撰寫自測程式

現在繼續討論另一個話題，當開發人員 A 寫好 calculator.py 檔案中的 add() 函數時，必然要進行測試，程式如下。

```
# 建立 add() 函數
def add(a, b):
    return a + b


# 自測試程式
c = add(3, 5)
print(c)
```

接下來開發人員 B 在 test.py 檔案中呼叫開發人員 A 建立的 add() 函數。

```
import sys
from os.path import dirname, abspath
project_path = dirname(dirname(abspath(--file--)))
sys.path.append(project_path + "\\module")
from  calculator import add


# 呼叫 add() 函數
c = add(2, 3)
print(c)
```

執行上面的程式，你將會獲得兩個結果：8 和 5。這個 5 很好了解，因為在 test.py 中呼叫 add() 函數時傳入的參數是 2 和 3，那麼 8 是從哪裡來的？顯然，calculator.py 檔案中的測試程式也被執行了，但這不是我們想看到的結果。

對 calculator.py 檔案做以下修改。

```
# 建立 add() 函數
def add(a, b):
    return a + b


if --name-- == '--main--':
    # 測試程式
    c = add(3, 5)
    print(c)
```

"if __name__ == '__main__':" 表示當模組被直接執行時期，下面的程式區塊將被執行；當模組被其他程式檔案呼叫時，下面的程式區塊不被執行。

3.7 例外

Python 用例外物件（Exception Object）來表示例外情況。在遇到錯誤後，例外物件會引發例外。如果例外物件並未被處理或捕捉到，則程式會用回溯（Traceback，一種錯誤訊息）來終止程式。

在程式開發中，有時程式並不按照我們設計的那樣工作，它也有「生病」的時候。這時我們就可以透過例外處理機制，有預見性地獲得這些「病症」，並開出「藥方」。例如，一個普通人，在寒冷的冬天洗冷水澡，他很可能會感冒。我們可以在他洗冷水澡之前提前準備好感冒藥，假如他真感冒了，就立刻吃藥。

3.7.1 認識例外

下面來看程式在即時執行所拋出的例外。

```
>>> open("abc.txt",'r')
Traceback (most recent call last):
  File "<stdin>", line 1, in <module>
FileNotFoundError: [Errno 2] No such file or directory: 'abc.txt'
```

首先，我們透過 open() 方法以讀 "r" 的方式開啟一個 abc.txt 檔案。然後，Python 拋出一個 FileNotFoundError 型態的例外，它告訴我們：

No such file or directory："abc.txt"（沒有 abc.txt 這樣的檔案或目錄）

當然找不到了，因為我們根本就沒有建立這個檔案。

既然知道當開啟一個不存在的檔案時會拋出 FileNotFoundError 例外，我們就可以透過 Python 提供的 try except 敘述來捕捉並處理這個例外。建立 abnormal.py 檔案，程式如下。

```
try:
    open("abc.txt", 'r')
except FileNotFoundError:
    print("例外了!")
```

再來執行程式，因為已經用 try except 捕捉到 FileNotFoundError 例外，所以「例外了！」會被列印出來。修改程式，使其列印一個沒有定義的變數 a。

```
try:
    print(a)
except FileNotFoundError:
    print("例外了!")
```

這次依然會拋出例外資訊。

```
Traceback (most recent call last):
  File "D:\py_base\abnormal.py", line 3, in <module>
    print(a)
NameError: name 'a' is not defined
```

不是已經透過 try except 去接收例外了嗎，為什麼又顯示出錯了？細心檢視錯誤訊息就會發現，這一次拋出的是 NameError 型態的錯誤，而 FileNotFoundError 只能接收找不到檔案的錯誤。這就好像在冬天洗冷水澡，本應準備感冒藥，但準備的是治療胃痛的藥，顯然是沒有幫助的。

這裡我們只需將捕捉例外型態修改為 NameError 即可。

> **知識延伸**：例外的拋出機制？
>
> 1. 如果在執行時期發生例外，那麼解譯器會尋找對應的處理敘述（稱為 handler）。
> 2. 如果在目前函數裡沒有找到對應的處理敘述，那麼解譯器會將例外傳遞給上層的呼叫函數，看看那裡能不能處理。
> 3. 如果在最外層函數（全域函數 main()）也沒有找到，那麼解譯器會退出，同時列印 Traceback，以便讓使用者找到錯誤產生的原因。

> **注意**：雖然大多數錯誤會導致例外，但例外不一定代表錯誤，有時候它們只是一個警告，有時候是一個終止訊號，如退出循環等。

在 Python 中，所有的例外類別都繼承自 Exception。但自 Python 2.5 版本之後，所有的例外類別都有了新的基礎類別 BaseException。Exception 同樣也繼承自 BaseException，所以我們可以使用 BaseException 來接收所有型態的例外。

```
try:
    open("abc.txt", 'r')
    print(a)
except BaseException:
    print("例外了!")
```

對於上面的實例，只要其中一行出現例外，BaseException 就能捕捉到並列印「例外了！」。但是我們並不知道實際哪一行程式引起了例外，如何讓 Python 直接告訴我們例外的原因呢？

```
try:
    open("abc.txt", 'r')
    print(a)
```

```
except BaseException as msg:
    print(msg)
```

我們在 BaseException 後面定義了 msg 變數來接收例外資訊，並透過 print() 將其列印出來。執行結果如下。

```
[Errno 2] No such file or directory: 'abc.txt'
```

Python 中常見的例外如表 3-1 所示。

表 3-1　Python 中常見的例外

異常	描述
BaseException	新的所有例外類別的基礎類別
Exception	所有例外類別的基礎類別，但繼承自 BaseException 類別
AssertionError	assert 敘述失敗
FileNotFoundError	試圖開啟一個不存在的檔案或目錄
AttributeError	試圖存取的物件沒有屬性
OSError	當系統函數傳回一個系統相關的錯誤（包含 I/O 故障），如「找不到檔案」或「磁碟已滿」時，引發此例外
NameError	使用一個還未設定值物件的變數
IndexError	當一個序列超出範圍時引發此例外
SyntaxError	當解析器遇到一個語法錯誤時引發此例外
KeyboardInterrupt	組合鍵 Ctrl+C 被按下，程式被強行終止
TypeError	傳入的物件型態與要求不符

3.7.2　更多例外用法

透過對前面的學習，我們了解了例外的一般用法，下面學習例外的更多用法，如 try except else 用法。

```
try:
    a = "例外測試:"
```

```
    print(a)
except NameError as msg:
    print(msg)
else:
    print("沒有例外時執行!")
```

這裡我們對變數 a 進行了設定值，如果沒有例外，則會執行 else 敘述後面的內容。

有時候，我們希望不管是否出現例外，有些操作都會被執行，例如，檔案的關閉、鎖的釋放、把資料庫連接返還給連接池等。我們可以使用 try…except…finally 實現這樣的需求。

```
try:
    print(a)
except NameError as msg:
    print(msg)
finally:
    print("不管是否出現例外，都會被執行。")
```

我們給變數 a 設定值後，再次執行上面的程式，驗證 finally 敘述體是否被執行。

3.7.3 拋出例外

如果你開發的是一個協力廠商函數庫或架構，那麼在程式執行出錯時拋出例外會更為專業。在 Python 中，raise 關鍵字可用來拋出一個例外資訊。下面的實例示範了 raise 的用法。

```
# 定義 say_hello() 函數
def say_hello(name=None):
    if name is None:
        raise NameError('"name" cannot be empty')
```

```
    else:
        print("hello, %s" %name)

# 呼叫 say_hello() 函數
say_hello()
```

首先定義 say_hello() 函數，設定參數 name 為 None。在函數中判斷參數 name 如果為 None，則拋出 NameError 例外，提示 ""name" cannot be empty"；否則，列印 hello, ⋯⋯。

當我們呼叫 say_hello() 函數不傳參數時，結果如下。

```
Traceback (most recent call last):
  File "D:\py_base\abnormal.py", line 11, in <module>
    say_hello()
  File "D:\py_base\abnormal.py", line 5, in say_hello
    raise NameError('"name" cannot be empty')
NameError: "name" cannot be empty
```

需要注意的是，raise 只能使用 Python 提供的例外類別，如果想要 raise 使用自訂例外類別，則自訂例外類別需要繼承 Exception 類別。

3.8 新手常犯的錯誤

本章的最後，列舉一些 Python 初學者常犯的錯誤。

（1）Python 沒有使用 {} 來表示敘述體，當碰到冒號（:）結尾的敘述時，一定要用四個空格或 Tab 鍵進行縮排。但在一個敘述體中不要混合使用四個空格和 Tab 鍵。

（2）大部分方法兩邊帶的底線多半是雙底線，如 "__init__"，不要寫成 "_init_"。

（3）專案不要都建立在 Python 的安裝目錄中，初學者可能會誤以為只有
把程式建在 Python 的安裝目錄下才能執行，其實不然。例如，在 C
磁碟安裝了音樂播放機，那麼只要把音樂檔案設定為由該播放機開
啟，那麼在硬碟中任何一個角落的音樂檔案都能由該播放機開啟。
Python 程式也是如此，只要正確地把 Python 目錄設定到環境變數
Path 下，任何目錄下的 Python 程式都可以被執行。

（4）在 Python 程式檔案路徑中，應儘量避免出現中文或空格。例如，D:\
自動化測試 \xx 專案 \test case list\test.py。這可能會導致有些編輯器無
法執行該程式，例如，Sublime Text 就無法執行這種目錄下的程式。

（5）建立的目錄與檔案名稱不要與參考類別庫名稱相同。例如，D:\
selenium\webdriver.py，在建立目錄與資料夾時一定要避免。

WebDriver API

從本章開始正式學習 WebDriver API，它可用來操作瀏覽器元素的一些類別和方法。本章內容參考官方 API，透過一些 Web 實例介紹最常用的方法。

4.1 從定位元素開始

在開始學習之前，我們先來看一個 Web 頁面，如圖 4-1 所示。

圖 4-1 Web 頁面

這是百度的首頁，頁面上有輸入框、按鈕、文字連結、圖片等元素。自動化測試要做的就是模擬滑鼠和鍵盤來操作這些元素，如點擊、輸入、滑鼠移過等。

而操作這些元素的前提是要定位它們。自動化工具無法像測試人員一樣可以透過肉眼來分辨頁面上的元素定位，那麼如何定位這些元素呢？

透過 Chrome 瀏覽器附帶的開發者工具可以看到，頁面元素都是由 HTML 程式組成的，它們之間有層級地組織起來，每個元素有不同的標籤名稱和屬性值，如圖 4-2 所示。WebDriver 就是根據這些資訊來定位元素的。

圖 4-2　透過開發者工具檢視頁面元素

WebDriver 提供了 8 種元素定位方法，在 Python 中，對應的方法如下：

- id 定位→ find_element_by_id()
- name 定位→ find_element_by_name()
- tag 定位→ find_element_by_tag_name()
- class 定位→ find_element_by_class_name()

- link_text → find_element_by_link_text()
- partial link 定位→ find_element_by_partial_link_text()
- XPath 定位→ find_element_by_xpath()
- CSS_selector 定位→ find_element_by_css_selector()

下面逐一說明如何使用這些定位方法。在此之前，我們複製百度首頁的前端程式，並以此為例來說明頁面元素的定位方法。

```html
<html>
   <head>
   <body>
       <script>
       <div id="wrapper" style="display: block;">
           <div id="debug" style="display:block;position:..">
           <script>
           <div id="head" class="s_down">
               <div class="head_wrapper">
                   <div class="s_form">
                       <div class="s_form_wrapper">
                           <div id="lg">
                           <a id="result_logo" onmousedown="return .."
href="/">
                           <form id="form" class="fm" action="/s"
name="f">
                               <input type="hidden" value="utf-8"
name="ie">
                               <input type="hidden" value="8" name="f">
                               <input type="hidden" value="1" name=
"rsv_bp">
                               <input type="hidden" value="1" name=
"rsv_idx">
                               <input type="hidden" value="" name="ch">
                               <input type="hidden" value="02.." name="tn">
```

```
                              <input type="hidden" value="" name="bar">
                              <span class="bg s_ipt_wr">
                                  <input id="kw" class="s_ipt"
                                    autocomplete="off"
                                    maxlength="100" value="" name="wd">
                              </span>
                              <span class="bg s_btn_wr">
                                  <input id="su" class="bg s_btn"
                                        type="submit"
                                        value=" 百度一下 ">
                              </span>
...
        </body>
</html>
```

這段程式並非檢視頁面原始程式碼,而是透過開發者工具獲得的頁面程式,這樣的 HTML 結構有以下特徵。

(1)它們由標籤對組成。

```
    <html></html>
    <body></body>
    <div></div>
    <form></form>
```

html、div 是標籤的標籤名稱。

(2)標籤有各種屬性。

```
    <div id="head" class="s_down">
    <from class="well">
    <input id="kw" name="wd" class="s_ipt">
```

就像人也會有各種屬性一樣,如身份證字號(id)、姓名(name)等。

（3）標籤對之間可以有文字資料。

```
<a>新聞</a>
<a>hao123</a>
<a>地圖</a>
```

（4）標籤有層級關係。

```
<html>
    <body>
    </body>
</html>
<div>
    <form>
        <input />
    </form>
<div>
```

對於上面的結構，如果把 input 看作子標籤，那麼 form 就是它的父標籤。

了解上面這些特性是學習定位方法的基礎。我們以百度輸入框和百度搜索按鈕為例，學習使用不同的方法來定位它們，百度輸入框和百度搜索按鈕的程式如下。

```
...
<input id="kw" class="s_ipt" autocomplete="off" maxlength="100" value=
"" name="wd">
......
<input id="su" class="bg s_btn" type="submit" value="百度一下">
...
```

如果把頁面上的元素看作人，那麼在現實世界中如何找到某人呢？

首先，可以透過人本身的屬性進行尋找，例如他的姓名、手機號、身份證字號等,這些都是用於區別於他人的屬性。在 Web 頁面上的元素也有本身的屬性,例如,id、name、class name、tag name 等。

其次,可以透過位置進行尋找,例如,x 國、x 市、x 路、x 號。XPath 和 CSS 可以透過標籤層級關係的方式來尋找元素。

最後,還可以借助相關人的屬性來找到某人。例如,我沒有小明的聯繫方式,但是我有他爸爸的手機號,那麼透過他爸爸的手機號最後也可以找到小明。XPath 和 CSS 同樣提供了相似的定位策略來尋找元素。

了解了這些尋找規則之後,下面介紹的幾種元素定位方法就很好理解了。

4.1.1　id 定位

HTML 規定,id 在 HTML 文件中必須是唯一的,這類似於中國大陸公民的身份證字號,具有唯一性。WebDriver 提供的 id 定位方法是透過元素的 id 來尋找元素的。透過 id 定位百度輸入框與百度搜索按鈕的用法如下。

```
find_element_by_id("kw")
find_element_by_id("su")
```

find_element_by_id() 方法是透過 id 來定位元素的。

4.1.2　name 定位

HTML 規定,name 用來指定元素的名稱,因此它的作用更像是人的姓名。透過 name 定位百度輸入框的用法如下。

```
find_element_by_name("wd")
```

find_element_by_name() 方法是透過 name 來定位元素的。

4.1.3 class 定位

HTML 規定，class 用來指定元素的類別名稱，其用法與 id、name 類似。透過 class 定位百度輸入框的用法如下。

```
find_element_by_class_name("s_ipt")
```

find_element_by_class_name() 方法是透過 class 來定位元素的。

4.1.4 tag 定位

HTML 透過 tag 來定義不同頁面的元素。例如，<input> 一般用來定義輸入框，<a> 標籤用來定義超連結等。不過，因為一個標籤常常用來定義一種功能，所以透過標籤識別單一元素的機率很低。例如，我們開啟任意一個頁面，檢視前端程式時都會發現大量的 <div>、<input>、<a> 等標籤。

透過標籤名稱（tag name）定位百度輸入框的用法如下。

```
find_element_by_tag_name("input")
```

find_element_by_tag_name() 方法是透過元素的標籤名稱來定位元素的。

4.1.5 link 定位

link 定位與前面介紹的幾種定位方法有所不同，它專門用來定位文字連結。百度輸入框上面的幾個文字連結的程式如下。

```
<a class="mnav" name="tj_trnews" href="http://news.baidu.com"> 新聞 </a>
<a class="mnav" name="tj_trhao123" href="http://www.hao123.com">hao123</a>
<a class="mnav" name="tj_trmap" href="http://map.baidu.com"> 地圖 </a>
<a class="mnav" name="tj_trvideo" href="http://v.baidu.com"> 視訊 </a>
<a class="mnav" name="tj_trtieba" href="http://tieba.baidu.com"> 貼吧 <a>
```

檢視上面的程式可以發現，透過 name 定位是個不錯的選擇。不過這裡為了示範 link 定位的使用，現列出透過 link 定位連結的用法如下。

```
find_element_by_link_text("新聞")
find_element_by_link_text("hao123")
find_element_by_link_text("地圖")
find_element_by_link_text("視訊")
find_element_by_link_text("貼吧")
```

find_element_by_link_text() 方法是透過元素標籤對之間的文字資訊來定位元素的。

4.1.6 partial link 定位

partial link 定位是對 link 定位的一種補充，有些文字連結比較長，這個時候我們可以取文字連結的部分文字進行定位，只要這部分文字可以唯一地標識這個連結即可。

```
<a class="mnav" name="tj_lang" href="#">一個很長的文字連結</a>
```

透過 partial link 定位連結的用法如下。

```
find_element_by_partial_link_text("一個很長的")
find_element_by_partial_link_text("文字連結")
```

find_element_by_partial_link_text() 方法是透過元素標籤對之間的部分文字定位元素的。

前面介紹的幾種定位方法相對來說比較簡單，在理想狀態下，一個頁面當中每個元素都有唯一的 id 值和 name 值，可以透過它們來尋找元素。但在實際專案中並非想像得這般美好，有時候一個元素沒有 id 值和 name 值，或頁面上有多個元素屬性是相同的；又或 id 值是隨機變化的，在這種情況下，如何定位元素呢？

下面介紹 XPath 定位與 CSS 定位，與前面介紹的幾種定位方式相比，它們提供了更加靈活的定位策略，可以透過不同的方式定位想要的元素。

4.1.7 XPath 定位

在 XML 檔案中，XPath 是一種定位元素的語言。因為 HTML 可以看作 XML 的一種實現，所以 WebDriver 提供了這種在 Web 應用中定位元素的方法。

1 絕對路徑定位

XPath 有多種定位策略，最簡單直觀的就是寫出元素的絕對路徑。如果把元素看作人，假設這個人沒有任何屬性特徵（手機號、姓名、身份證字號），但這個人一定存在於某個地理位置，如 xx 省 xx 市 xx 區 xx 路 xx 號。對於頁面上的元素而言，也會有這樣一個絕對位址。

參考開發者工具所展示的程式層級結構，我們可以透過下面的方式找到百度輸入框和百度搜索按鈕。

```
find_element_by_xpath("/html/body/div/div[2]/div/div/div/from/span/input")
find_element_by_xpath("/html/body/div/div[2]/div/div/div/from/span[2]/
input")
```

find_element_by_xpath() 方法是用 XPath 來定位元素的。這裡主要用標籤名稱的層級關係來定位元素的絕對路徑，最外層為 html，在 body 文字內，一級一級往下尋找。如果一個層級下有多個相同的標籤名稱，那麼就按上下順序確定是第幾個。例如，div[2] 表示目前層級下第二個 div 標籤。

2 利用元素屬性定位

除使用絕對路徑外，XPath 還可以使用元素的屬性值來定位。

```
find_element_by_xpath("//input[@id='kw']")
find_element_by_xpath("//input[@id='su']")
```

//input 表示目前頁面某個 input 標籤，[@id='kw'] 表示這個元素的 id 值是
kw。下面透過 name 和 class 來定位。

```
find_element_by_xpath("//*[@name='wd']")
find_element_by_xpath("//*[@class='s_ipt']")
```

如果不想指定標籤名稱，那麼可以用星號（*）代替。當然，使用 XPath
不侷限於 id、name 和 class 這三個屬性值，元素的任意屬性都可以使
用，只要它能唯一標識一個元素。

```
find_element_by_xpath("//input[@maxlength='100']")
find_element_by_xpath("//input[@autocomplete='off']")
find_element_by_xpath("//input[@type='submit']")
```

3 層級與屬性結合

如果一個元素本身沒有可以唯一標識這個元素的屬性值，那麼我們可以
尋找其上一級元素。如果它的上一級元素有可以唯一識別屬性的值，就
可以拿來使用。參考 baidu.html 文字。

```
...
<form id="form" class="fm" action="/s" name="f">
  <span class="s_ipt_wr">
    <input id="kw" class="s_ipt" autocomplete="off" maxlength="100"
name="wd">
  </span>
  <span class="s_btn_wr">
    <input id="su" class="bg s_btn" type="submit" value=" 百度一下 ">
  </span>
...
```

假如百度輸入框沒有可利用的屬性值，那麼可以尋找它的上一級屬性。
例如，小明剛出生的時候沒有名字，也沒有身份證字號，那麼親朋好友
來找小明時可以先找到小明的爸爸，因為他爸爸是有很多屬性特徵的。
找到小明的爸爸後，就可以找到小明了。透過 XPath 描述如下：

```
find_element_by_xpath("//span[@class='bg s_ipt_wr']/input")
```

span[@class='s_ipt_wr'] 透過 class 定位到父元素，後面的 /input 表示父元
素下面的子元素。如果父元素沒有可利用的屬性值，那麼可以繼續向上
尋找父元素的父元素。

```
find_element_by_xpath("//form[@id='form']/span/input")
find_element_by_xpath("//form[@id='form']/span[2]/input")
```

我們可以透過這種方法一級一級向上尋找，直到找到最外層的 <html> 標
籤，那就是一個絕對路徑的寫法了。

4 使用邏輯運算子

如果一個屬性不能唯一區分一個元素，那麼我們可以使用邏輯運算子連
接多個屬性來尋找元素。

```
find_element_by_xpath("//input[@id='kw' and @class='s_ipt']")
```

and 表示必須滿足兩個條件來定位元素。

5 使用 contains 方法

contains 方法用於比對一個屬性中包含的字串。例如，span 標籤的 class
屬性為 "bg s_ipt_wr"。

```
find_element_by_xpath("//span[contains(@calss,'s_ipt_wr')]/input")
```

contains 方法只取了 class 屬性中的 "s_ipt_wr" 部分。

6 使用 text() 方法

text() 方法用於比對顯示文字資訊。例如，前面透過 link text 定位的文字連結。

```
find_element_by_xpath("//a[text(),' 新聞 ')]")
```

當然，contains 和 text() 也可以配合使用。

```
find_element_by_xpath("//a[contains(text(),' 一個很長的 ')]")
```

它實現了 partial link 定位的效果。

4.1.8 CSS 定位

CSS 是一種語言，用來描述 HTML 和 XML 檔案的表現。CSS 使用選擇器為頁面元素綁定屬性。

CSS 選擇器可以較為靈活地選擇控制項的任意屬性，一般情況下，CSS 定位速度比 XPath 定位速度快，但對初學者來說，學習起來稍微有點難度，下面介紹 CSS 選擇器的語法與使用。

CSS 選擇器的常見語法如表 4-1 所示。

表 4-1 CSS 選擇器的常見語法

選擇器	例子	描述
.class	.intro	class 選擇器，選擇 class="intro" 的所有元素
#id	#firstname	id 選擇器，選擇 id="firstname" 的所有元素
*	*	選擇所有元素
element	p	選擇所有 \<p> 元素
element > element	div > input	選擇父元素為 \<div> 的所有 \<input> 元素
element + element	div + input	選擇同一級中緊接在 \<div> 元素之後的所有 \<input> 元素
[attribute=value]	[target=_blank]	選擇 target="_blank" 的所有元素

下面同樣以百度輸入框和百度搜索按鈕為例，介紹 CSS 定位的用法。

```
...
  <span class="bg s_ipt_wr">
    <input id="kw" class="s_ipt" autocomplete="off" maxlength="100"
name="wd">
</span>
<span class="bg s_btn_wr">
    <input id="su" class="s_btn" type="submit" value=" 百度一下 ">
</span>
...
```

1 透過 class 定位

```
find_element_by_css_selector(".s_ipt")
find_element_by_css_selector(".s_btn")
```

find_element_by_css_selector() 方法用於在 CSS 中定位元素，點號（.）
表示透過 class 來定位元素。

2 透過 id 定位

```
find_element_by_css_selector("#kw")
find_element_by_css_selector("#su")
```

井號（#）表示透過 id 來定位元素。

3 透過標籤名稱定位

```
find_element_by_css_selector("input")
```

在 CSS 中，用標籤名稱定位元素時不需要任何符號標識，直接使用標籤
名稱即可。

4 透過標籤層級關係定位

```
find_element_by_css_selector("span > input")
```

這種寫法表示有父元素，父元素的標籤名為 span。尋找 span 中所有標籤名為 input 的子元素。

5 透過屬性定位

```
find_element_by_css_selector("[autocomplete=off]")
find_element_by_css_selector("[name='kw']")
find_element_by_css_selector('[type="submit"]')
```

在 CSS 中可以使用元素的任意屬性定位，只要這些屬性可以唯一標識這個元素。對屬性值來說，可以加引號，也可以不加，注意和整個字串的引號進行區分。

6 組合定位

我們可以把上面的定位策略組合起來使用，這就大幅加強了定位元素的唯一性。

```
find_element_by_css_selector("form.fm > span > input.s_ipt")
find_element_by_css_selector("form#form > span > input#kw")
```

我們要定位的這個元素標籤名為 input，這個元素的 class 屬性為 s_ipt；並且它有一個父元素，標籤名為 span。它的父元素還有父元素，標籤名為 form，class 屬性為 fm。我們要找的就是必須滿足這些條件的一個元素。

7 更多定位用法

```
find_element_by_css_selector("[class*=s_ipt_wr]")
```

尋找 class 屬性包含 "s_ipt_wr" 字串的元素。

```
find_element_by_css_selector("[class^=bg]")
```

尋找 class 屬性以 "bg" 字串開頭的元素。

```
find_element_by_css_selector("[class$=wrap]")
```

尋找 class 屬性以 "wrap" 字串結尾的元素。

```
find_element_by_css_selector("form > input:nth-child(2)")
```

尋找 form 標籤下面第 2 個 input 標籤的元素。

CSS 選擇器的更多用法可以檢視 W3CSchool 網站中的 CSS 選擇器參考手冊（http://www.w3school.com.cn/cssref/css_selectors.asp）。

透過前面的學習我們了解到，XPath 和 CSS 都提供了非常強大而靈活的定位方法。相比較而言，CSS 語法更加簡潔，但了解和使用的難度要大一點。根據筆者的經驗，這兩種定位方式我們只需掌握一種即可解決大部分定位問題，至於選擇哪一種就看讀者的個人喜好了。

4.1.9 用 By 定位元素

針對前面介紹的 8 種定位方法，WebDriver 還提供了另外一套寫法，即統一呼叫 find_element() 方法，透過 By 來宣告定位，並且傳入對應定位方法的定位參數，實際如下。

```
find_element(By.ID,"kw")
find_element(By.NAME,"wd")
find_element(By.CLASS_NAME,"s_ipt")
find_element(By.TAG_NAME,"input")
find_element(By.LINK_TEXT," 新聞 ")
find_element(By.PARTIAL_LINK_TEXT," 新 ")
find_element(By.XPATH,"//*[@class='bg s_btn']")
find_element(By.CSS_SELECTOR,"span.bg s_btn_wr>input#su")
```

find_element() 方法只用於定位元素,它需要兩個參數。第一個參數是定位的型態,由 By 提供;第二個參數是定位的值,在使用 By 之前需要先匯入。

```
from selenium.webdriver.common.by import By
```

透過檢視 WebDriver 的底層實現程式可以發現,它們其實是一回事。例如,id 定位方法的實現。

```
def find_element_by_id(self, id_):
    """Finds an element by id.
    :Args:
     - id\_ - The id of the element to be found.
    :Returns:
     - WebElement - the element if it was found
    :Raises:
     - NoSuchElementException - if the element wasn't found
    :Usage:
    element = driver.find_element_by_id('foo')
    """
    return self.find_element(by=By.ID, value=id_)
```

對 Web 自動化來説,學會元素的定位相當於自動化已經學會了一半,剩下的就是學會使用 WebDriver 中提供的各種方法,接下來我們將透過實例介紹這些方法的實際使用。

4.2 控制瀏覽器

WebDriver 主要提供動作頁面上各種元素的方法,同時,它還提供了操作瀏覽器的一些方法,如控制瀏覽器視窗大小、操作瀏覽器前進或後退等。

4.2.1 控制瀏覽器視窗大小

有時候我們希望瀏覽器能在某種尺寸下執行。例如，可以將 Web 瀏覽器視窗設定成行動端大小（480×800），然後造訪行動網路站。WebDriver 提供的 set_window_size() 方法可以用來設定瀏覽器視窗大小。

```python
from selenium import webdriver

driver = webdriver.Chrome()
driver.get("http://m.baidu.com")

# 參數字為像素
print(" 設定瀏覽器寬 480、高 800 顯示 ")
driver.set_window_size(480, 800)
driver.quit()
```

更多情況下，我們希望 Web 瀏覽器在全螢幕模式下執行，以便顯示更多的元素，可以使用 maximize_window() 方法實現，該方法不需要參數。

4.2.2 控制瀏覽器後退、前進

在使用 Web 瀏覽器瀏覽網頁時，瀏覽器提供了後退和前進按鈕，可以方便地在瀏覽過的網頁之間切換，WebDriver 還提供了對應的 back() 和 forward() 方法來模擬後退和前進按鈕。下面透過實例示範這兩個方法的使用。

```python
from selenium import webdriver

driver = webdriver.Chrome()

# 存取百度首頁
first_url = 'http://www.baidu.com'
print("now access %s" %(first_url))
```

```
driver.get(first_url)

# 存取新聞頁
second_url='http://news.baidu.com'
print("now access %s" %(second_url))
driver.get(second_url)

# 傳回（後退）到百度首頁
print("back to  %s " %(first_url))
driver.back()

# 前進到新聞頁
print("forward to  %s" %(second_url))
driver.forward()

driver.quit()
```

為了看清楚指令稿的執行過程，這裡每操作一步都透過 print() 列印目前的 URL 位址。

4.2.3 模擬瀏覽器更新

有時候需要手動更新（按 "F5" 鍵）Web 頁面，可以透過 refresh() 方法實現。

```
driver.refresh()   # 更新目前頁面
```

4.3 WebDriver 中的常用方法

前面我們學習了定位元素的方法，但定位只是第一步，定位之後還需要對這個元素操作，例如，點擊（按鈕）或輸入（輸入框）。下面就來認識 WebDriver 中常用的幾個方法。

（1）clear()：清除文字。

（2）send_keys(value)：模擬按鍵輸入。

（3）click()：點擊元素。

```
from selenium import webdriver

driver = webdriver.Chrome()
driver.get("https://www.baidu.com")

driver.find_element_by_id("kw").clear()
driver.find_element_by_id("kw").send_keys("selenium")
driver.find_element_by_id("su").click()

driver.quit()
```

（4）submit()：傳送表單。

例如，有些搜索框不提供搜索按鈕，而是透過按鍵盤上的確認鍵完成搜索內容的傳送，這時可以透過 submit() 模擬。

```
from selenium import webdriver

driver = webdriver.Chrome()
driver.get("https://www.baidu.com")

search_text = driver.find_element_by_id('kw')
search_text.send_keys('selenium')
search.submit()

driver.quit()
```

有時候 submit() 可以與 click() 互換使用，但 submit() 的應用範圍遠不及 click() 廣泛。click() 可以點擊任何可點擊的元素，例如，按鈕、核取方塊、單選按鈕、下拉清單文字連結和圖片連結等。

（5）size：傳回元素的尺寸。

（6）text：取得元素的文字。

（7）get_attribute(name)：獲得屬性值。

（8）is_displayed()：設定該元素是否使用者可見。

```
from selenium import webdriver

driver = webdriver.Chrome()
driver.get("http://www.baidu.com")

# 獲得輸入框的尺寸
size = driver.find_element_by_id('kw').size
print(size)

# 傳回百度頁面底部備案資訊
text = driver.find_element_by_id("cp").text
print(text)

# 傳回元素的屬性值，可以是 id、name、type 或其他任意屬性
attribute = driver.find_element_by_id("kw").get_attribute('type')
print(attribute)

# 傳回元素的結果是否可見，傳回結果為 True 或 False
result = driver.find_element_by_id("kw").is_displayed()
print(result)

driver.quit()
```

執行結果如下。

```
{'height': 22, 'width': 500}
©2019 Baidu 使用百度前必讀意見回饋京 ICP 證 030173 號京公網安備 11000002000001 號
```

```
text
True
```

執行上面的程式並檢視結果：size 方法用於取得百度輸入框的寬、高；text 方法用於獲得百度底部的備案資訊；get_attribute() 方法用於獲得百度輸入的 type 屬性的值；is_displayed() 方法用於傳回一個元素是否可見，如果可見，則傳回 True，否則傳回 False。

4.4 滑鼠操作

在 WebDriver 中，與滑鼠操作相關的方法都封裝在 ActionChains 類別中。

ActionChains 類別提供了滑鼠操作的常用方法：

- perform()：執行 ActionChains 類別中儲存的所有行為。
- context_click()：按右鍵。
- double_click()：雙擊。
- drag_and_drop()：滑動。
- move_to_element()：滑鼠移過。

☑ 滑鼠移過操作

ActionChains 類別提供的滑鼠操作方法與 click() 方法不同。百度中的「設定」移過選單如圖 4-3 所示。

圖 4-3 百度中的「設定」移過選單

```
from selenium import webdriver
# 引用 ActionChains 類別
from selenium.webdriver import ActionChains

driver = webdriver.Chrome()
driver.get("https://www.baidu.cn")

# 定位到要移過的元素
above = driver.find_element_by_link_text(" 設定 ")
# 對定位到的元素執行滑鼠移過操作
ActionChains(driver).move_to_element(above).perform()

# ……
from selenium.webdriver import ActionChains
```

匯入 ActionChains 類別。

```
ActionChains(driver)
```

呼叫 ActionChains 類別，把瀏覽器驅動 driver 作為參數傳入。

```
move_to_element(above)
```

move_to_element() 方法用於模擬滑鼠移動到元素上，在呼叫時需要指定元素。

```
perform()
```

傳送所有 ActionChains 類別中儲存的行為。

4.5 鍵盤操作

前面介紹過，send_keys() 方法可以用來模擬鍵盤輸入，我們還可以用它來輸入鍵盤上的按鍵，甚至是組合鍵，如 Ctrl+a、Ctrl+c 等。

```python
from selenium import webdriver
# 呼叫 Keys 模組
from selenium.webdriver.common.keys import Keys

driver = webdriver.Chrome()
driver.get("http://www.baidu.com")

# 在輸入框輸入內容
driver.find_element_by_id("kw").send_keys("selenium")

# 刪除多輸入的一個 m
driver.find_element_by_id("kw").send_keys(Keys.BACK_SPACE)

# 輸入空白鍵 +" 教學 "
driver.find_element_by_id("kw").send_keys(Keys.SPACE)
driver.find_element_by_id("kw").send_keys(" 教學 ")

# 輸入組合鍵 Ctrl+a，全選輸入框內容
driver.find_element_by_id("kw").send_keys(Keys.CONTROL, 'a')

# 輸入組合鍵 Ctrl+x，剪下輸入框內容
driver.find_element_by_id("kw").send_keys(Keys.CONTROL, 'x')

# 輸入組合鍵 Ctrl+v，貼上內容到輸入框
driver.find_element_by_id("kw").send_keys(Keys.CONTROL, 'v')

# 用確認鍵代替點擊操作
driver.find_element_by_id("su").send_keys(Keys.ENTER)

driver.quit()
```

上面的指令稿沒有什麼實際意義，僅向我們展示模擬鍵盤各種按鍵與組合鍵的用法。

```
from selenium.webdriver.common.keys import Keys
```

在使用鍵盤按鍵方法前需要先匯入 Keys 類別。

以下為常用的鍵盤操作。

- send_keys(Keys.BACK_SPACE)：刪除鍵（BackSpace）
- send_keys(Keys.SPACE)：空白鍵（Space）
- send_keys(Keys.TAB)：製錶鍵（Tab）
- send_keys(Keys.ESCAPE)：回復鍵（Esc）
- send_keys(Keys.ENTER)：確認鍵（Enter）
- send_keys(Keys.CONTROL,'a')：全選（Ctrl+a）
- send_keys(Keys.CONTROL,'c')：複製（Ctrl+c）
- send_keys(Keys.CONTROL,'x')：剪下（Ctrl+x）
- send_keys(Keys.CONTROL,'v')：貼上（Ctrl+v）
- send_keys(Keys.F1)：鍵盤 F1
- ……
- send_keys(Keys.F12)：鍵盤 F12

4.6　獲得驗證資訊

在進行 Web 自動化測試中，用得最多的幾種驗證資訊是 title、current_url 和 text。

- title：用於取得目前頁面的標題。
- current_url：用於取得目前頁面的 URL。
- text：用於取得目前頁面的文字資訊。

下面仍以百度搜索為例，比較搜索前後的資訊。

```python
from time import sleep
from selenium import webdriver

driver = webdriver.Chrome()
driver.get("https://www.baidu.com")
print('Before search================')

# 列印目前頁面 title
title = driver.title
print("title:"+ title)

# 列印目前頁面 URL
now_url = driver.current_url
print("URL:"+now_url)

driver.find_element_by_id("kw").send_keys("selenium")
driver.find_element_by_id("su").click()
sleep(2)

print('After search================')

# 再次列印目前頁面 title
title = driver.title
print("title:"+title)

# 再次列印目前頁面 URL
now_url = driver.current_url
print("URL:"+now_url)

# 取得搜索結果條數
num = driver.find_element_by_class_name('nums').text
print("result:"+num)

driver.quit()
```

執行結果如下。

```
Before search================
title:百度一下，你就知道
URL:https://www.baidu.com/
After search================
title:selenium_百度搜索
URL:https://www.baidu.com/s?ie=utf-8&f=8&rsv_bp=0&rsv_idx=1&tn=baidu&wd=
selenium&rsv_pq=b2a0747b000562e3&rsv_t=4768STDxLxXJ6Um5MMxAyGCNkgLVEARJ
33SAZKhdYk9LBtEOc65VM7vjKu8&rqlang=cn&rsv_enter=0&rsv_sug3=8&inputT=
129&rsv_sug4=130
result:搜索工具
百度為您找到相關結果約7,850,000個
```

透過上面的列印資訊可以看出搜索前後的差異，這些差異資訊可以拿來作為自動化測試的斷言點。

4.7 設定元素等待

WebDriver 提供了兩種型態的元素等待：顯性等待和隱式等待。

4.7.1 顯性等待

顯性等待是 WebDriver 等待某個條件成立則繼續執行，否則在達到最大時長時拋出超時例外（TimeoutException）。

```
from selenium import webdriver
from selenium.webdriver.common.by import By
from selenium.webdriver.support.ui import WebDriverWait
from selenium.webdriver.support import expected_conditions as EC

driver = webdriver.Chrome()
```

```
driver.get("http://www.baidu.com")

element = WebDriverWait(driver, 5, 0.5).until(
    EC.visibility_of_element_located((By.ID, "kw"))
    )
element.send_keys('selenium')
driver.quit()
```

WebDriverWait 類別是 WebDriver 提供的等待方法。在設定時間內，預設每隔一段時間檢測一次目前頁面元素是否存在，如果超過設定時間仍檢測不到，則拋出例外。實際格式如下。

```
WebDriverWait(driver, timeout, poll_frequency=0.5, ignored_exceptions=None)
```

- driver：瀏覽器驅動。
- timeout：最長逾時時間，預設以秒為單位。
- poll_frequency：檢測的間隔（步進值）時間，預設為 0.5s。
- ignored_exceptions： 逾 時 後 的 例 外 資 訊， 預 設 情 況 下 拋 出 NoSuchElementException 例外。

WebDriverWait() 一 般 與 until() 或 until_not() 方 法 配 合 使 用， 下 面 是 until() 和 until_not() 方法的說明。

```
until(method, message=〞)
```

呼叫該方法提供的驅動程式作為一個參數，直到傳回值為 True。

```
until_not(method, message=〞)
```

呼叫該方法提供的驅動程式作為一個參數，直到傳回值為 False。

在本例中，透過 as 關鍵字將 expected_conditions 重新命名為 EC，並呼叫 presence_of_ element_located() 方法判斷元素是否存在。

expected_conditions 類別提供的預期條件判斷方法如表 4-2 所示。

表 4-2 expected_conditions 類別提供的預期條件判斷方法

方法	說明
title_is	判斷目前頁面的標題是否等於預期
title_contains	判斷目前頁面的標題是否包含預期字串
presence_of_element_located	判斷元素是否被加在 DOM 樹裡，並不代表該元素一定可見
visibility_of_element_located	判斷元素是否可見（可見代表元素非隱藏，並且元素的寬和高都不等於 0）
visibility_of	與上一個方法作用相同，上一個方法的參數為定位，該方法接收的參數為定位後的元素
presence_of_all_elements_located	判斷是否至少有一個元素存在於 DOM 樹中。例如，在頁面中有 n 個元素的 class 為 "wp"，那麼只要有一個元素存在於 DOM 樹中就傳回 True
text_to_be_present_in_element	判斷某個元素中的 text 是否包含預期的字串
text_to_be_present_in_element_value	判斷某個元素的 value 屬性是否包含預期的字串
frame_to_be_available_and_switch_to_it	判斷該表單是否可以切換進去，如果可以，傳回 True 並且切換進去，否則傳回 False
invisibility_of_element_located	判斷某個元素是否不在 DOM 樹中或不可見
element_to_be_clickable	判斷某個元素是否可見並且是可以點擊的
staleness_of	等到一個元素從 DOM 樹中移除
element_to_be_selected	判斷某個元素是否被選取，一般用在下拉清單中
element_selection_state_to_be	判斷某個元素的選取狀態是否符合預期
element_located_selection_state_to_be	與上一個方法作用相同，只是上一個方法參數為定位後的元素，該方法接收的參數為定位
alert_is_present	判斷頁面上是否存在 alert

除 expected_conditions 類別提供的豐富的預期條件判斷方法外，還可以利用前面學過的 is_displayed() 方法自己實現元素顯示等待。

```
from time import sleep, ctime
from selenium import webdriver

driver = webdriver.Chrome()
driver.get("http://www.baidu.com")

print(ctime())
for i in range(10):
    try:
        el = driver.find_element_by_id("kw22")
        if el.is_displayed():
            break
    except:
        pass
    sleep(1)
else:
    print("time out")
print(ctime())

driver.quit()
```

相對來説，這種方式更容易了解。首先 for 循環 10 次，然後透過 is_
displayed() 方法循環判斷元素是否可見。如果為 True，則説明元素可
見，執行 break 跳出循環；否則執行 sleep() 休眠 1s 後繼續循環判斷。10
次循環結束後，如果沒有執行 break，則執行 for 循環對應的 else 敘述，
列印 "time out" 資訊。

這裡故意將 id 定位設定為 "kw22"，定位失敗，執行結果如下。

```
Sat Feb 1621:20:372019
time out
Sat Feb 1621:20:482019
```

4.7.2 隱式等待

WebDriver 提供的 implicitly_wait() 方法可用來實現隱式等待，用法相對來說要簡單得多。

```
from time import ctime
from selenium import webdriver
from selenium.common.exceptions import NoSuchElementException


driver = webdriver.Firefox()


# 設定隱式等待為10s
driver.implicitly_wait(10)
driver.get("http://www.baidu.com")


try:
    print(ctime())
    driver.find_element_by_id("kw22").send_keys('selenium')
except NoSuchElementException as e:
    print(e)
finally:
    print(ctime())
    driver.quit()
```

implicitly_wait() 的參數是時間，單位為秒，本例中設定的等待時間為 10s。首先，這 10s 並非一個固定的等待時間，它並不影響指令稿的執行速度。其次，它會等待頁面上的所有元素。當指令稿執行到某個元素定位時，如果元素存在，則繼續執行；如果定位不到元素，則它將以輪詢的方式不斷地判斷元素是否存在。假設在第 6s 定位到了元素，則繼續執行，若直到超出設定時間（10s）還沒有定位到元素，則拋出例外。

這裡同樣故意將 id 定位設定為 "kw22"，定位失敗，執行結果如下。

```
Sat Feb 1621:25:212019
Message: Unable to locate element: [id="kw22"]
Sat Feb 1621:25:312019
```

4.8 定位一組元素

WebDriver 還提供了 8 種用於定位一組元素的方法。

```
find_elements_by_id()
find_elements_by_name()
find_elements_by_class_name()
find_elements_by_tag_name()
find_elements_by_link_text()
find_elements_by_partial_link_text()
find_elements_by_xpath()
find_elements_by_css_selector()
```

定位一組元素的方法與定位單一元素的方法非常像，唯一的區別是單字 "element" 後面多了一個 "s"，用來表示複數。

```python
from time import sleep
from selenium import webdriver

driver = webdriver.Chrome()
driver.get("https://www.baidu.cn")

driver.find_element_by_id("kw").send_keys("selenium")
driver.find_element_by_id("su").click()
sleep(2)

# 定位一組元素
texts = driver.find_elements_by_xpath("//div[@tpl='se_com_default']/h3/a")
```

```
# 計算比對結果個數
print(len(texts))

# 循環檢查出每一條搜索結果的標題
for t in texts:
    print(t.text)

driver.quit()
```

執行結果如下：

```
10
Selenium - Web Browser Automation
Selenium - Web Browser Automation
官網
功能自動化測試工具——Selenium 篇
Selenium（瀏覽器自動化測試架構）_百度百科
python 爬蟲從入門到放棄（八）之 Selenium 函數庫的使用 - python..._部落格園
selenium 3.10.0 : Python Package Index
selenium 中文網 -selenium 安裝、selenium 使用、selenium 中文、...
Selenium Documentation —Selenium Documentation
selenium - 隨筆分類 - 蟲師 - 部落格園
```

4.9　多表單切換

在 Web 應用中經常會遇到 frame/iframe 表單嵌套頁面的應用，WebDriver 只能在一個頁面上對元素進行識別和定位，無法直接定位 frame/iframe 表單內嵌頁面上的元素，這時就需要透過 switch_to.frame() 方法將目前定位的主體切換為 frame/iframe 表單的內嵌頁面。

這裡以 126 電子郵件登入為例，登入框結構如下。

```
<html>
<body>
...
<iframe id="x-URS-iframe1553484417298.5217" ...>
    <html>
     <body>
      ...
       <input name="email" >
```

透過 switch_to.frame() 方法切換表單。

```
from time import sleep
from selenium import webdriver

driver = webdriver.Chrome()
driver.get("http://www.126.com")
sleep(2)

login_frame = driver.find_element_by_css_selector('iframe[id^=
"x-URS-iframe"]')
driver.switch_to.frame(login_frame)
driver.find_element_by_name("email").send_keys("username")
driver.find_element_by_name("password").send_keys("password")
driver.find_element_by_id("dologin").click()
driver.switch_to.default_content()

driver.quit()
```

switch_to.frame() 預設可以直接對表單的 id 屬性或 name 屬性傳參，因而可以定位元素的物件。在這個實例中，表單的 id 屬性後半部分的數字（1553484417298.5217）是隨機變化的，在 CSS 定位方法中，可以透過 "^=" 比對 id 屬性為以 "x-URS-iframe" 開頭的元素。

最後，透過 switch_to.default_content() 回到最外層的頁面。

4.10 多視窗切換

在頁面操作過程中，有時點擊某個連結會出現新的視窗，這時就需要切換到新開啟的視窗中操作。WebDriver 提供的 switch_to.window() 方法可以實現在不同的視窗間切換。

- current_window_handle：獲得目前視窗控制碼。
- window_handles：傳回所有視窗的控制碼到目前階段。
- switch_to.window()：切換到對應的視窗。

以百度首頁和帳號註冊頁為例，在兩個視窗之間的切換如圖 4-4 所示。

圖 4-4 在兩個視窗之間的切換

```
import time
from selenium import webdriver


driver = webdriver.Chrome()
driver.implicitly_wait(10)
driver.get("http://www.baidu.com")
```

```
# 獲得百度搜索視窗控制碼
search_windows = driver.current_window_handle

driver.find_element_by_link_text(' 登入 ').click()
driver.find_element_by_link_text(" 立即註冊 ").click()

# 獲得目前所有開啟的視窗控制碼
all_handles = driver.window_handles

# 進入註冊視窗
for handle in all_handles:
    if handle != search_windows:
        driver.switch_to.window(handle)
        print(driver.title)
        driver.find_element_by_name("userName").send_keys('username')
        driver.find_element_by_name('phone').send_keys('138xxxxxxx')
        time.sleep(2)
        # ······
        # 關閉目前視窗
        driver.close()

# 回到搜索視窗
driver.switch_to.window(search_windows)
print(driver.title)

driver.quit()
```

指令稿的執行過程：首先開啟百度首頁，透過 current_window_handle 獲得目前視窗控制碼，並設定值給變數 search_handle。接著開啟登入彈窗，在登入彈窗上點擊「立即註冊」連結，進一步開啟新的註冊視窗。透過 window_handles 獲得目前所有視窗控制碼（包含百度首頁和帳號註冊頁），並設定值給變數 all_handles。

循環檢查 all_handles，如果 handle 不等於 search_handle，那麼一定是註冊視窗，因為在指令稿執行過程中只開啟了兩個視窗。然後，透過 switch_to.window() 切換到帳號註冊頁。

4.11 警告框處理

在 WebDriver 中處理 JavaScript 產生的 alert、confirm 和 prompt 十分簡單，實際做法是，首先使用 switch_to.alert() 方法定位，然後使用 text、accept、dismiss、send_keys 等操作。

- text：傳回 alert、confirm、prompt 中的文字資訊。
- accept()：接受現有警告框。
- dismiss()：解散現有警告框。
- send_keys()：在警告框中輸入文字（如果可以輸入的話）。

可以使用 switch_to.alert() 方法為百度搜索設定彈窗，如圖 4-5 所示。

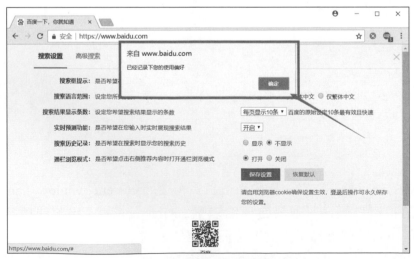

圖 4-5 為百度搜索設定彈窗

```
from time import sleep
from selenium import webdriver

driver = webdriver.Chrome()
driver.get('https://www.baidu.com')

# 開啟搜索設定
link = driver.find_element_by_link_text(' 設定 ').click()
driver.find_element_by_link_text(" 搜索設定 ").click()
sleep(2)

# 儲存設定
driver.find_element_by_class_name("prefpanelgo").click()

# 取得警告框
alert = driver.switch_to.alert

# 取得警告框提示訊息
alert_text = alert.text
print(alert_text)

# 接取警告框
alert.accept()

driver.quit()
```

這裡以百度搜索設定為例，開啟百度搜索設定，設定完成後點擊「儲存設定」按鈕，出現儲存確認警告框。透過 switch_to.alert 方法取得目前頁面上的警告框，text 用於取得警告框提示訊息，accept() 用於接受警告框。

4.12 下拉清單處理

下拉清單是 Web 頁面常見功能之一，WebDriver 提供了 Select 類別來處理下拉清單。

- Select 類別：用於定位 <select> 標籤。
- select_by_value()：透過 value 值定位下拉選項。
- select_by_visible_text()：透過 text 值定位下拉選項。
- select_by_index()：根據下拉選項的索引進行選擇。第一個選項為 0，第二個選項為 1。

以百度搜索設定為例，下拉清單程式如下。

```
<select name="NR" id="nr">
    <option value="10" selected="">每頁顯示 10 條</option>
    <option value="20">每頁顯示 20 條</option>
    <option value="50">每頁顯示 50 條</option>
</select>
```

透過 WebDriver 程式操作下拉清單。

```
from time import sleep
from selenium import webdriver
from selenium.webdriver.support.select import Select

driver = webdriver.Chrome()
driver.get('https://www.baidu.com')

# 開啟搜索設定
link = driver.find_element_by_link_text(' 設定 ').click()
driver.find_element_by_link_text(" 搜索設定 ").click()
sleep(2)
```

```
# 搜索結果顯示條數
sel = driver.find_element_by_xpath("//select[@id='nr']")

# value="20"
Select(sel).select_by_value('20')
sleep(2)

# <option> 每頁顯示 50 條 </option>
Select(sel).select_by_visible_text(" 每頁顯示 50 條 ")
sleep(2)

# 根據下拉選項的索引進行選擇
Select(sel).select_by_index(0)
sleep(2)

driver.quit()
```

4.13 上傳檔案

上傳檔案是比較常見的 Web 功能之一，但 WebDriver 並沒有提供專門用
於上傳的方法，實現檔案上傳的關鍵在於想法。

在 Web 頁面中，檔案上傳操作一般需要點擊「上傳」按鈕後開啟本機
Windows 視窗，從視窗中選擇本機檔案進行上傳。因為 WebDriver 無法
操作 Windows 控制項，所以對初學者來說，一般想法會卡在如何識別
Windows 控制項這個問題上。

在 Web 頁面中一般透過以下兩種方式實現檔案上傳。

■ 普通上傳：將本機檔案路徑作為一個值放在 input 標籤中，透過 form
  表單將這個值傳送給伺服器。

- 外掛程式上傳：一般是指基於 Flash、JavaScript 或 Ajax 等技術實現的
  上傳功能。

對於透過 input 標籤實現的上傳功能，可以將其看作一個輸入框，即透過
send_keys() 指定本機檔案路徑的方式實現檔案上傳。

```html
<html>
<head>
  <meta charset="utf-8">
  <title> 上傳表單 </title>
  <link href="https://cdn.bootcss.com/bootstrap/3.3.7/css/bootstrap.min.css"
  rel="stylesheet" >
  <script src="https://cdn.bootcss.com/bootstrap/3.3.7/js/bootstrap.min.js">
  </script>
</head>

<body>
  <div class="jumbotron">
    <form class="form-inline" role="form">
      <div class="form-group">
        <label class="sr-only" for="name"> 名稱 </label>
        <input type="text" class="form-control" id="name"
              placeholder=" 請輸入名稱 ">
      </div>
      <div class="form-group">
        <label class="sr-only" for="inputfile"> 檔案輸入 </label>
        <input type="file" id="inputfile">
      </div>
      <button type="submit" class="btn btn-default"> 傳送 </button>
    </form>
  </div>
</body>

</html>
```

透過瀏覽器開啟 upfile.html 檔案，效果如圖 4-6 所示。

圖 4-6 透過瀏覽器開啟 upfile.html 檔案

```python
import os
from selenium import webdriver


file_path = os.path.abspath('./files/')


driver = webdriver.Chrome()
upload_page = 'file:///' + file_path + 'upfile.html'
driver.get(upload_page)

# 定位上傳按鈕，增加本機檔案
driver.find_element_by_id("file").send_keys(file_path + 'test.txt')
# ......
```

這裡測試的頁面（upfile.html）和上傳的檔案（test.txt）位於與目前程式同目錄的 files/ 目錄下。

透過這種方式上傳，就避免了操作 Windows 控制項。如果能找到上傳的 input 標籤，那麼基本可以透過 send_keys() 方法輸入一個本機檔案路徑實現上傳。

對於外掛程式上傳，我們可以使用 AutoIt 來實現，由於超出本書範圍，這裡不再介紹。

4.14 下載檔案

WebDriver 允許我們設定預設的檔案下載路徑，也就是說，檔案會自動下載並且儲存到設定的目錄中，不同的瀏覽器設定方式不同。

下面以 Firefox 瀏覽器為例，示範檔案的下載。

```python
import os
from selenium import webdriver


fp = webdriver.FirefoxProfile()

fp.set_preference("browser.download.folderList", 2)
fp.set_preference("browser.download.dir", os.getcwd())
fp.set_preference("browser.helperApps.neverAsk.saveToDisk",
                    "binary/octet-stream")

driver = webdriver.Firefox(firefox_profile=fp)
driver.get("https://pypi.org/project/selenium/#files")
driver.find_element_by_partial_link_text("selenium-3.141.0.tar.gz").click()
```

為了能在 Firefox 瀏覽器中實現檔案的下載，我們需要透過 FirefoxProfile() 對其做一些設定。

```
browser.download.folderList
```

設定為 0，表示檔案會下載到瀏覽器預設的下載路徑；設定為 2，表示檔案會下載到指定目錄。

```
browser.download.dir
```

用於指定下載檔案的目錄。透過 os.getcwd() 方法取得目前檔案的所在位置，即下載檔案儲存的目錄。

```
browser.helperApps.neverAsk.saveToDisk
```

指定要下載檔案的型態，即 Content-type 值，"binary/octet-stream" 用於表示二進位檔案。

HTTP Content-type 常用對照表參見 http://tool.oschina.net/commons。

可以透過在 Firefox 瀏覽器網址列輸入 "about:config" 進行參數的設定，如圖 4-7 所示。

呼叫 WebDriver 的 Firefox 類別時，將所有設定選項作為 firefox_profile 參數傳遞給 Firefox 瀏覽器。Firefox 瀏覽器在下載時，會根據這些設定將檔案下載到目前指令稿目錄下。

圖 4-7 Firefox 參數設定

下面以 Chrome 瀏覽器為例，示範檔案的下載。

```
import os
from selenium import webdriver
```

```
options = webdriver.ChromeOptions()
prefs = {'profile.default_content_settings.popups': 0,
         'download.default_directory': os.getcwd()}
options.add_experimental_option('prefs', prefs)

driver = webdriver.Chrome(chrome_options=options)
driver.get("https://pypi.org/project/selenium/#files")
driver.find_element_by_partial_link_text("selenium-3.141.0.tar.gz").click()
```

Chrome 瀏覽器在下載時預設不會出現下載視窗,這裡主要想修改預設的下載路徑。

```
profile.default_content_settings.popups
```

設定為 0,表示禁止出現下載視窗。

```
download.default_directory
```

設定檔案下載路徑,使用 os.getcwd() 方法取得目前指令稿的目錄作為下載檔案的儲存位置。

4.15 操作 Cookie

有時我們需要驗證瀏覽器中的 Cookie 是否正確,因為以真實為基礎的 Cookie 是無法透過白盒測試和整合測試的。WebDriver 提供了操作 Cookie 的相關方法,可以讀取、增加和刪除 Cookie。

WebDriver 操作 Cookie 的方法如下。

- get_cookies():獲得所有 Cookie。
- get_cookie(name):傳回字典中 key 為 "name" 的 Cookie。
- add_cookie(cookie_dict):增加 Cookie。

- delete_cookie(name,optionsString)：刪除名為 OpenString 的 Cookie。
- delete_all_cookies()：刪除所有 Cookie。

下面透過 get_cookies() 取得目前瀏覽器的所有 Cookie。

```python
from selenium import webdriver

driver = webdriver.Chrome()
driver.get("http://www.baidu.com")

# 獲得所有Cookie資訊並列印
cookie = driver.get_cookies()
print(cookie)
```

執行結果如下。

```
[{'domain': '.baidu.com', 'httpOnly': False, 'name': 'H_PS_PSSID',
'path': '/', 'secure': False, 'value': '1448_21108_20927'}, {'domain':
'.baidu.com', 'expiry': 3671290449.561618, 'httpOnly': False, 'name':
'BAIDUID', 'path': '/', 'secure': False, 'value': '8BDB5AE6652A48387400A
869B697BCAC:FG=1'}, {'domain': '.baidu.com', 'expiry': 3671290449.561673,
'httpOnly': False, 'name': 'PSTM', 'path': '/', 'secure': False, 'value':
'1523806801'}, {'domain': '.baidu.com', 'expiry': 3671290449.561655,
'httpOnly': False, 'name': 'BIDUPSID', 'path': '/', 'secure': False,
'value': '8BDB5AE6652A48387400A869B697BCAC'}, {'domain': 'www.baidu.com',
'httpOnly': False, 'name': 'BD_HOME', 'path': '/', 'secure': False,
'value': '0'}, {'domain': '.baidu.com', 'expiry': 1523893203.591349,
'httpOnly': False, 'name': 'BDORZ', 'path': '/', 'secure': False, 'value':
'B490B5EBF6F3CD402E515D22BCDA1598'}, {'domain': 'www.baidu.com', 'expiry':
1524670803, 'httpOnly': False, 'name': 'BD_UPN', 'path': '/', 'secure':
False, 'value': '12314753'}]
```

從執行結果可以看出，Cookie 中的資料是以字典形式儲存的。知道了 Cookie 中資料的儲存形式後，即可按照這種形式在瀏覽器中增加 Cookie。

```
# 增加 Cookie 資訊
driver.add_cookie({'name': 'key-aaaaaaa', 'value': 'value-bbbbbb'})

# 檢查指定的 Cookies
for cookie in driver.get_cookies():
    print("%s -> %s" % (cookie['name'], cookie['value']))
```

執行結果如下：

```
...
BIDUPSID -> BC64B19DC06B195C21B68A27F5A1E6F4
BD_HOME -> 0
BDORZ -> B490B5EBF6F3CD402E515D22BCDA1598
BD_UPN -> 12314753
key-aaaaaaa -> value-bbbbbb
```

從執行結果可以看出，最後一行 Cookie 是在指令稿執行過程中透過 add_cookie() 方法增加的。透過檢查獲得所有的 Cookie，進一步找到字典中 key 為 "name" 和 "value" 的 Cookie 值。

delete_cookie() 和 delete_all_cookies() 方法的使用也很簡單，前者透過 name 刪除一個指定的 Cookie，後者直接刪除瀏覽器中的所有 Cookies。

4.16 呼叫 JavaScript

有些頁面操作不能依靠 WebDriver 提供的 API 來實現，如瀏覽器捲軸的滑動。這時就需要借助 JavaScript 指令稿。WebDriver 提供了 execute_script() 方法來執行 JavaScript 程式。

用於調整瀏覽器捲軸位置的 JavaScript 程式如下。

```
<!-- window.scrollTo(左邊距,上面距); -->
window.scrollTo(0,450);
```

window.scrollTo() 方法用於設定瀏覽器視窗捲軸的水平位置和垂直位置。第
一個參數表示水平的左邊距，第二個參數表示垂直的上面距，程式如下。

```
from selenium import webdriver

driver = webdriver.Chrome()
driver.get("http://www.baidu.com")

driver.set_window_size(800, 600)
driver.find_element_by_id("kw").send_keys("selenium")
driver.find_element_by_id("su").click()

# 透過 JavaScript 設定瀏覽器視窗的捲軸位置
js = "window.scrollTo(100,450);"
driver.execute_script(js)
```

首先，在瀏覽器中開啟百度，搜索 "selenium"，透過 set_window_size()
方法將瀏覽器視窗設定為固定寬、高顯示，目的是讓視窗出現水平和垂
直捲動條。然後，透過 execute_script() 方法執行 JavaScript 程式來控制瀏
覽器捲軸的位置，如圖 4-8 所示。

圖 4-8 控制瀏覽器捲軸的位置

當然，JavaScript 的作用不僅僅表現在瀏覽器捲軸的操作上，它還可以在頁面中的 textarea 文字標籤中輸入內容，如圖 4-9 所示。

圖 4-9　在 textarea 文字標籤中輸入內容

文字標籤的 HTML 程式如下。

```
<textarea id="id" style="width: 98%" cols="50" rows="5" class="textarea">
</textarea>
```

雖然可以透過 id 定位到元素，但是不能透過 send_keys() 在文字標籤中輸入文字資訊。在這種情況下，可以借助 JavaScript 程式輸入文字資訊。

```
text = "input text"
js = "document.getElementById('id').value='" + text + "';"
driver.execute_script(js)
```

首先，定義要輸入的內容 text。然後，將 text 與 JavaScript 程式透過 "+" 進行連接，這樣做的目的是為了方便自訂輸入內容。最後，透過 execute_script() 執行 JavaScript 程式。

4.17 處理 HTML5 視訊播放

HTML5 技術非常流行,主流的瀏覽器都支援 HTML5,越來越多的應用使用 HTML5 的元素,如 canvas、video 等。另外,網頁儲存功能提升了使用者的網路體驗,使得越來越多的開發者開始使用 HTML5。

WebDriver 支援在指定的瀏覽器上測試 HTML5,另外,還可以使用 JavaScript 測試這些功能,這樣就可以在任意瀏覽器上測試 HTML5 了。

大多數瀏覽器使用外掛程式(如 Flash)播放視訊,但是,不同的瀏覽器需要使用不同的外掛程式。HTML5 定義了一個新的元素 <video>,指定了一個標準的方式嵌入電影片段。HTML5 Video Player 如圖 4-10 所示,IE9+、Firefox、Opera、Chrome 都支援元素 <video>。

圖 4-10 HTML5 Video Player

下面介紹如何自動化測試 <video>,<video> 提供了 JavaScript 介面和多種方法及屬性。

```
from time import sleep
from selenium import webdriver
```

```python
driver = webdriver.Chrome()
driver.get("http://videojs.com/")

video = driver.find_element_by_id("preview-player_html5_api")

# 傳回播放檔案位址
url = driver.execute_script("return arguments[0].currentSrc;", video)
print(url)

# 播放視訊
print("start")
driver.execute_script("arguments[0].play()", video)

# 播放 15s
sleep(15)

# 暫停視訊
print("stop")
driver.execute_script("arguments[0].pause()", video)

driver.quit()
```

JavaScript 有個內建的物件叫作 arguments。arguments 包含了函數呼叫的參數陣列，[0] 表示取物件的第 1 個值。

currentSrc 傳回目前音訊 / 視訊的 URL。如果未設定音訊 / 視訊，則傳回空字串。

load()、play() 和 pause() 控制視訊的載入、播放和暫停。

4.18 滑動解鎖

滑動解鎖是目前比較流行的解鎖方式，如圖 4-11 所示。

圖 4-11 滑動解鎖

當我們點擊滑桿時，改變的只是 CSS 樣式，HTML 程式碼片段如下。

```
<div class="slide-to-unlock-progress" style="background-color: rgb(255,
233, 127); height: 36px; width: 0px;">
</div>
<div class="slide-to-unlock-handle" style="background-color: rgb(255,
255, 255); height: 38px; line-height: 38px; width: 37px; left: 0px;">
</div>
```

slide-to-unlock-handle 表示滑桿。在滑動過程中，滑桿的左邊距會逐漸變大，因為它在向右移動。

slide-to-unlock-progress 表示滑過之後的背景顏色，背景顏色的區域會逐漸增加，因為滑桿在向右移動。

```python
from time import sleep
from selenium import webdriver
from selenium.webdriver import ActionChains
from selenium.common.exceptions import UnexpectedAlertPresentException

driver = webdriver.Chrome()
driver.get("https://www.helloweba.com/demo/2017/unlock/")

# 定位滑動塊
slider = driver.find_elements_by_class_name("slide-to-unlock-handle")[0]
action = ActionChains(driver)
action.click_and_hold(slider).perform()

for index in range(200):
    try:
        action.move_by_offset(2, 0).perform()
    except UnexpectedAlertPresentException:
        break
    action.reset_actions()
    sleep(0.1)   # 等待停頓時間

# 列印警告框提示
success_text = driver.switch_to.alert.text
print(success_text)
```

在這個指令稿中，用到下面幾個方法。

- click_and_hold()：點擊並按下滑鼠左鍵，在滑鼠事件中介紹過。
- move_by_offset()：移動滑鼠，第一個參數為 x 座標距離，第二個參數為 y 座標距離。
- reset_action()：重置 action。

執行完成，滑動效果如圖 4-12 所示。

圖 4-12　滑動效果

接下來，再看另外一種應用，上下滑動選擇日期，如圖 4-13 所示。

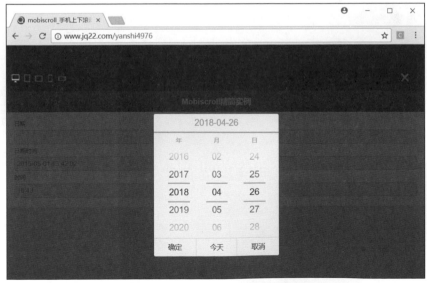

圖 4-13　上下滑動選擇日期

參考前面的操作，透過 ActionChains 類別可以實現上下滑動選擇日期，
但是這裡要介紹另外一種方法，即透過 TouchActions 類別實現上下滑動
選擇日期。

```python
from time import sleep
from selenium import webdriver

driver = webdriver.Chrome()
driver.get("http://www.jq22.com/yanshi4976")
sleep(2)
driver.switch_to.frame("iframe")
driver.find_element_by_id("appDate").click()

# 定位要滑動的年、月、日
dwwos = driver.find_elements_by_class_name("dwwo")
year = dwwos[0]
month = dwwos[1]
day = dwwos[2]

action = webdriver.TouchActions(driver)
action.scroll_from_element(year, 0, 5).perform()
action.scroll_from_element(month, 0, 30).perform()
action.scroll_from_element(day, 0, 30).perform()
# ......
```

這裡使用 TouchActions 類別中的 scroll_from_element() 方法滑動元素，
參數如下。

- on_element：滑動的元素。
- xoffset：x 座標距離。
- yoffset：y 座標距離。

4.19 視窗畫面

自動化測試使用案例是由程式執行的，因此有時候列印的錯誤訊息不夠直觀。如果在指令稿執行出錯時能夠對目前視窗進行畫面並儲存，那麼透過畫面就可以非常直觀地看到指令稿出錯的原因。WebDriver 提供了畫面函數 save_screenshot ()，可用來截取目前視窗。

```
from selenium import webdriver

driver = webdriver.Chrome()
driver.get('http://www.baidu.com')

# 截取目前視窗，指定畫面圖片的儲存位置
driver.save_screenshot("./files/baidu_img.png")
```

WebDriver 建議使用 png 作為圖片的副檔名。指令稿執行完成後，會在目前 files/ 目錄中產生 baidu_img.png 圖片。

4.20 關閉視窗

在前面的實例中一直使用 quit() 方法，其含義為退出相關的驅動程式和關閉所有視窗。除此之外，WebDriver 還提供了 close() 方法，用來關閉目前視窗。例如，在 4.10 節中會開啟多個視窗，當準備關閉其中某個視窗時，可以用 close() 方法。

✿ 4.19 視窗畫面 ···

自動化測試模型

在介紹自動化測試模型之前,我們先來了解函數庫、架構和工具之間
的區別。

5.1 基本概念

1 函數庫

庫的英文單字是 Library,函數庫是由程式集合成的一個產品,可供程
式設計師呼叫。物件導向的程式組織形成的函數庫叫類別庫,針對過程
的程式組織形成的函數庫叫函數程式庫。從這個角度看,第 4 章介紹的
WebDriver 就屬於函數庫的範圍,因為它提供了一組操作 Web 頁面的類
別與方法,所以可以稱它為 Web 自動化測試函數庫。

2 架構

架構的英文單字是 Framework,架構是為解決一個或一種問題而開發的產
品,使用者一般只需使用架構提供的類別或函數,即可實現全部功能。
從這個角度看,unittest 架構(第 6 章)主要用於測試使用案例的組織和

執行，以及測試結果的產生。因為它的主要工作就是幫助我們完成測試工作，所以通常稱它為測試架構。

3 工具

工具的英文單字是 Tools，工具與架構所做的事情類似，只是工具提供了更高層次的封裝，隱藏了底層的程式，提供了單獨的操作介面供使用者使用。例如，UFT（QTP）、Katalon 就屬於自動化測試工具。

5.2 自動化測試模型

自動化測試模型可分為線性測試、模組化與類別庫、資料驅動測試和關鍵字驅動測試，下面分別介紹這幾種自動化測試模型的特點。

1 線性測試

透過錄製或撰寫對應用程式的操作步驟會產生對應的線性指令稿，每個線性指令稿相對獨立，且不產生依賴與呼叫。這是早期自動化測試的一種形式，即單純地模擬使用者完整的操作場景。第 4 章中的自動化測試實例就屬於線性測試。

2 模組化與類別庫

線性測試的缺點是不易維護，因此早期的自動化測試專家開始思考用新的自動化測試模型來代替線性測試。做法很簡單，參考了程式語言中的模組化思維，把重複的操作單獨封裝成公共模組。在測試使用案例執行過程中，當需要用到模組封裝時對其進行呼叫，這樣就大幅地消除了重複，進一步加強測試使用案例的可維護性。

3 資料驅動測試

雖然模組化測試極佳地解決了指令稿的重複問題,但是,自動化測試指令稿在開發過程中還是發現了諸多不便。例如,在測試不同使用者登入時,雖然登入的步驟是一樣的,但是登入用的資料是不同的。模組化測試並不能解決這種問題。於是,資料驅動測試的概念被提出。

資料驅動測試的定義:資料的改變驅動自動化測試的執行,最後引起測試結果的改變。簡單了解就是把資料驅動所需的測試資料參數化,我們可以用多種方式來儲存和管理這些參數化的資料。

4 關鍵字驅動測試

關鍵字驅動測試又被稱為表驅動測試或基於動作字測試。這種架構會把自動化操作封裝為「關鍵字」,避免測試人員直接接觸程式,多以「填表格」的形式降低指令稿的撰寫難度。

Robot Framework 是主流的關鍵字驅動測試架構之一,透過它附帶的 Robot Framework RIDE 撰寫的自動化測試使用案例,如圖 5-1 所示。

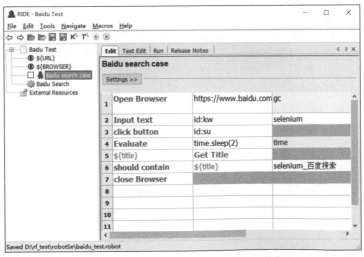

圖 5-1 用 Robot Framework RIDE 撰寫的自動化測試使用案例

本節簡單介紹了幾種測試模型的特點。這幾種測試模型並非後者淘汰前者的關係，在實際實施過程中，常常需要相互結合使用。

5.3 模組化與參數化

模組化與參數化一般需要配合使用，即在建立函數或類別方法時為它們設定導入參數，進一步使它們可以根據不同的參數執行對應的操作。

下面用一個簡單的實例介紹它們的用法。建立一個電子郵件測試指令稿 test_mail.py。

```python
from time import sleep
from selenium import webdriver


driver = webdriver.Chrome()
driver.get("http://www.126.com")

# 登入
sleep(2)
driver.switch_to.frame('x-URS-iframe')
driver.find_element_by_name("email").clear()
driver.find_element_by_name("email").send_keys("username")
driver.find_element_by_name("password").clear()
driver.find_element_by_name("password").send_keys("password")
driver.find_element_by_id("dologin").click()

# 登入之後的動作
sleep(5)

# 退出
driver.find_element_by_link_text(" 退出 ").click()


driver.quit()
```

假設要實現一個關於電子郵件的自動化測試專案,那麼可能每筆測試使用案例都需要有登入動作和退出動作。大部分測試使用案例都是在登入之後進行的,例如,發郵件,檢視、刪除、搜索郵件等。此時,需要建立一個新的 module.py 檔案來儲存登入動作和退出動作。

```python
class Mail:

    def __init__(self, driver):
        self.driver = driver

    def login(self):
        """ 登入 """
        self.driver.switch_to.frame('x-URS-iframe')
        self.driver.find_element_by_name("email").clear()
        self.driver.find_element_by_name("email").send_keys("username")
        self.driver.find_element_by_name("password").clear()
        self.driver.find_element_by_name("password").send_keys("password")
        self.driver.find_element_by_id("dologin").click()

    def logout(self):
        """ 退出 """
        self.driver.find_element_by_link_text(" 退出 ").click()
```

首先建立一個 Mail 類別,在 __init__() 初始化方法中接收 driver 驅動並設定值給 self.driver。在 login() 和 logout() 方法中分別使用 self.driver 實現電子郵件的登入動作和退出動作。

接下來修改 test_mail.py,測試呼叫 Mail 類別中的 login() 和 logout() 方法。

```python
from time import sleep
from selenium import webdriver
from module import Mail
```

```
driver = webdriver.Chrome()
driver.get("http://www.126.com")
# 呼叫 Mail 類別並接收 driver 驅動
mail = Mail(driver)

# 登入
mail.login()

# 登入之後的動作
sleep(5)

# 退出
mail.logout()

driver.quit()
```

在撰寫測試使用案例過程中，如果需要用到登入動作和退出動作，那麼
只需呼叫 Mail 類別中的 login() 方法和 logout() 方法即可，將會大幅加強
測試程式的可重複使用性。

如果我們的需求是測試登入功能呢？雖然登入步驟是固定的，但是測試
的資料（帳號）不同，這時就需要把 login() 方法參數化。修改 module.py
檔案程式如下。

```
#……
  def login(self, username, password):
      """ 登入 """
      self.driver.switch_to.frame('x-URS-iframe')
      self.driver.find_element_by_name("email").clear()
      self.driver.find_element_by_name("email").send_keys(username)
      self.driver.find_element_by_name("password").clear()
      self.driver.find_element_by_name("password").send_keys(password)
      self.driver.find_element_by_id("dologin").click()
```

這樣就進一步加強了 login() 方法的可重複使用性，它不再使用一個固定的帳號登入，而是根據被呼叫者傳來的使用者名稱和密碼執行登入動作。

在測試使用案例中，可以用不同的資料呼叫 login() 方法。

```
# 呼叫 Mail 類別
mail = Mail(driver)

# 登入帳號為空
mail.login("", "")

# 使用者名稱為空
mail.login("", "password")

# 密碼為空
mail.login("username", "")

# 使用者名稱 / 密碼錯誤
mail.login("error", "error")

# 管理員登入
mail.login("admin", "admin123")
#......
```

5.4 讀取資料檔案

雖然前面的實例中用到了參數化，但大多數測試更偏好把測試資料放到資料檔案中。下面介紹幾種常見的讀取資料檔案的方法。

5.4.1 讀取 txt 檔案

txt 檔案是我們經常操作的檔案類型，Python 提供了以下幾種讀取 txt 檔案的方法。

- read()：讀取整數個檔案。
- readline()：讀取一行資料。
- readlines()：讀取所有行的資料。

回到前面登入的實例，現在把使用者名稱和密碼儲存到 txt 檔案，然後讀取該 txt 檔案中的資料作為測試使用案例的資料。建立 ./data_file/user_info.txt 檔案。

```
:123
user:
error:error
admin:admin123
```

這裡將使用者名稱和密碼按行寫入 txt 檔案中，使用者名稱和密碼之間用冒號 ":" 隔開。建立 read_txt.py 檔案，用於讀取 txt 檔案。

```python
# 讀取檔案
with(open("./data_file/user_info.txt", "r")) as user_file:
    data = user_file.readlines()

# 格式化處理
users = []
for line in data:
    user = line[:-1].split(":")
    users.append(user)

# 列印 users 二維陣列
print(users)
```

執行結果如下。

```
['', '123']
['user', '']
```

```
['error', 'error']
['admin', 'admin123']
['guest', 'guest123']
```

首先透過 open() 以讀（"r"）的方式開啟 user_info.txt 檔案，readlines() 可讀取檔案中的所有行並設定值給變數 data。

接下來循環 data 中的每一行資料，[:-1] 可對字串進行切片，以省略最後一個字元，因為讀取的每一行資料結尾都有一個分行符號 "\n"。split() 透過冒號（:）對每行資料進行拆分，會獲得陣列 ['', '123']。

最後使用 append() 把每一群組使用者名稱和密碼追加到 users 陣列中。

取 users 陣列中的資料，將獲得的陣列用不同的使用者名稱 / 密碼進行登入，程式如下。

```
# 呼叫 Mail 類別
mail = Mail(driver)

# 使用者名稱為空
mail.login(users[0][0], users[0][1])

# 密碼為空
mail.login(users[1][0], users[1][1])

# 使用者名稱 / 密碼錯誤
mail.login(users[2][0], users[2][1])

# 管理員登入 admin
mail.login(users[3][0], users[3][1])
...
```

5.4.2 讀取 CSV 檔案

CSV 檔案可用來儲存固定欄位的資料，下面我們把使用者名稱、密碼和斷言儲存到 CSV 檔案中，如圖 5-2 所示。

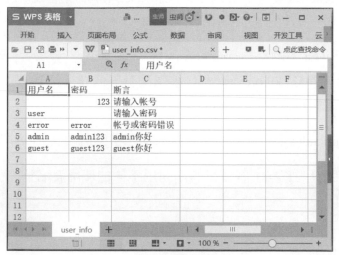

圖 5-2 把使用者名稱密碼和斷言儲存到 CSV 檔案中

> **注意**：可以把 WPS 表格或 Excel 表格透過檔案「另存為」儲存為 CSV 型態的檔案，但不要直接修改檔案的副檔名來建立 CSV 檔案，因為這樣的檔案並非真正的 CSV 型態的檔案。

下面撰寫 read_csv.py 檔案進行循環讀取。

```
import csv
import codecs
from itertools import islice


# 讀取本機 CSV 檔案
data = csv.reader(codecs.open('./data_file/user_info.csv', 'r', 'utf_8_
sig'))
```

```
# 儲存使用者資料
users = []

# 循環輸出每行資訊
for line in islice(data, 1, None):
users.append(line)

# 列印
print(users)
```

執行結果如下。

```
[['', '123', '請輸入帳號'],
['user', '', '請輸入密碼'],
['error', 'error', '帳號錯誤'],
['admin', 'admin123', 'admin你好'],
['guest', 'guest123', 'guest你好']]
```

透過 Python 讀取 CSV 檔案比較簡單，但會遇到兩個問題。

（1）中文亂碼問題。在資料檔案中我們不可避免地會使用中文，codecs 是
　　　Python 標準的模組編碼和解碼器。首先，透過 codecs 提供的 open()
　　　方法，在開啟檔案時可以指定編碼型態，如 utf_8_sig；然後，匯入
　　　csv 模組，透過 reader() 方法讀取檔案，即避免中文亂碼問題。

（2）跳過 CSV 檔案的第一行。因為我們一般會在第一行定義測試欄位名
　　　稱，所以在讀取資料時需要跳過。Python 的內建模組 itertools 提供
　　　了用於操作反覆運算物件的函數，即 islice() 函數，它可以傳回一個
　　　反覆運算器，第一個參數指定反覆運算物件，第二個參數指定開始
　　　反覆運算的位置，第三個參數表示結束位。

5.4.3 讀取 XML 檔案

有時我們需要讀取的資料是不規則的。例如,我們需要用一個設定檔來設定目前自動化測試平台、瀏覽器、URL、登入的使用者名稱和密碼等,這時就可以使用 XML 檔案來儲存這些測試資料。

建立 config.xml 檔案,程式如下。

```xml
<?xml version="1.0" encoding="utf-8"?>
<info>
    <platforms>
        <platform>Windows</platform>
        <platform>Linux</platform>
        <platform>macOS</platform>
    <platforms>
    <browsers>
        <browser>Firefox</browser>
        <browser>Chrome</browser>
        <browser>Edge</browser>
    </browsers>
    <url>http://www.xxxx.com</url>
        <login username="admin" password="123456"/>
        <login username="guest" password="654321"/>
</info>
```

透過程式可以看出,資料主要儲存在標籤對之間,如 <platform>Windows</platform>。或是作為標籤的屬性儲存,如 <login username="admin" password="123456"/>。

下面以 config.xml 檔案為例,介紹讀取 XML 檔案的方法。

1 獲得標籤對之間的資料

```python
from xml.dom.minidom import parse

# 開啟 XML 檔案
dom = parse('./data_file/config.xml')

# 獲得文件元素物件
root = dom.documentElement

# 取得（一組）標籤
tag_name = root.getElementsByTagName('os')

print(tag_name[0].firstChild.data)
print(tag_name[1].firstChild.data)
print(tag_name[2].firstChild.data)
```

執行結果如下。

```
Windows
Linux
macOS
```

Python 附帶讀取 XML 檔案的模組，透過 parse() 方法可讀取 XML 檔案。documentElement() 方法用於取得文件元素物件，getElementsByTagName() 方法用於取得檔案中的標籤。我們不需要指定標籤的層級關係，即取得的標籤可以是任意層級的，之所以在定義 XML 檔案時設定層級，僅僅是為了方便閱讀。

接下來，取得標籤陣列中的某個元素。firstChild 屬性可傳回被選節點的第一個子節點，data 表示取得該節點的資料，它和 WebDriver 中的 text 敘述作用相似。

2 獲得標籤的屬性值

```python
from xml.dom.minidom import parse

dom = parse('./data_file/config.xml')
root = dom.documentElement

login_info = root.getElementsByTagName('login')

# 獲得 login 標籤的 username 屬性值
username = login_info[0].getAttribute("username")
print(username)

# 獲得 login 標籤的 password 屬性值
password = login_info[0].getAttribute("password")
print(password)

# 獲得第二個 login 標籤的 username 屬性值
username = login_info[1].getAttribute("username")
print(username)

# 獲得第二個 login 標籤的 password 屬性值
password = login_info[1].getAttribute("password")
print(password)
```

執行結果如下。

```
admin
123456
guest
654321
```

這裡主要使用 getAttribute() 方法取得元素的屬性值，它和 WebDriver 中的 get_attribute() 方法作用相似。

5.4.4 讀取 JSON 檔案

JSON 是一種輕量級的資料交換格式,清晰的層次結構使得 JSON 檔案被廣泛使用。Python 同樣可以讀取 JSON 檔案,下面建立 user_info.json 檔案。

```
[
    {"username":"", "password":""},
    {"username":"", "password":"123"},
    {"username":"user", "password":""},
    {"username":"error", "password":"error"},
    {"username":"admin", "password":"admin123"}
]
```

建立 read_json.py 檔案。

```
import json

with open("./data_file/user_info.json", "r") as f:
    data = f.read()

user_list = json.loads(data)
print(user_list)
```

透過 open() 方法即可讀取 user_info.json 檔案。因為測試資料本身是以清單和字典格式儲存的,所以讀取整數個檔案內容後,透過 JSON 提供的表將 str 型態轉為 list 型態即可。

> **注意**:本節僅簡單介紹了幾種常見的讀取資料檔案的方法。在自動化測試中,資料驅動必須和單元測試架構一起討論才有意義,所以我們在介紹完 unittest 單元測試架構之後再來討論資料驅動。

unittest 單元測試架構

單元測試是一項對技術要求很高的工作,只有白盒測試人員和軟體開發人員才能勝任。但用單元測試架構做單元測試卻十分簡單,而且單元測試架構不僅可以用來做單元測試,它還適用於不同型態的「自動化」測試。下面看看它提供了哪些功能。

1 提供測試使用案例組織和執行

在 Python 中,我們撰寫的程式可以定義類別、方法和函數,那麼如何定義一個「測試使用案例」?如何靈活地控制這些「測試使用案例」的執行?單元測試架構會告訴我們。

2 提供豐富的斷言方法

當我們進行功能測試時,測試使用案例需要有預期結果。當測試使用案例的執行結果與預期結果不一致時,判斷測試使用案例失敗。在自動化測試中,透過「斷言」來判斷測試使用案例執行成功與否。一般單元測試架構會提供豐富的斷言方法。例如,判斷相等 / 不相等、包含 / 不包含、True/False 等。

3 提供豐富的記錄檔

自動化測試在執行過程中並不需要人工干預，因此執行的結果非常重要。我們需要從結果中清晰地看出失敗的原因。另外，我們還需要統計測試使用案例的執行結果，如總執行時間、失敗測試使用案例數、成功測試使用案例數等，這些功能也是由單元測試架構提供的。

從以上幾點來看，單元測試架構不僅可以用來寫測試使用案例，凡是有關自動化測試的工作都可以由單元測試架構完成，如 Web 自動化測試、App 自動化測試，以及介面自動化測試等。

6.1　認識 unittest

在 Python 中有諸多單元測試架構，如 doctest、unittest、pytest、nose 等，Python 2.1 及其以後的版本已經將 unittest 作為一個標準模組放入 Python 開發套件中。

6.1.1　認識單元測試

不用單元測試架構能寫單元測試嗎？答案是一定的。單元測試本質上就是透過一段程式去驗證另外一段程式，所以不用單元測試架構也可以寫單元測試。下面就透過實例示範。

建立一個被測試檔案 calculator.py。

```
# 計算機類別
class Calculator:
    """ 用於完成兩個數的加、減、乘、除 """


    def __init__(self, a, b):
        self.a = int(a)
```

```
        self.b = int(b)

    # 加法
    def add(self):
        return self.a + self.b

    # 減法
    def sub(self):
        return self.a - self.b

    # 乘法
    def mul(self):
        return self.a * self.b

    # 除法
    def div(self):
        return self.a / self.b
```

程式非常簡單，建立一個 Calculator 類別，透過 __init__() 方法接收兩個參數，並做 int 型態轉換。建立 add()、sub()、mul()、div() 方法分別進行加、減、乘、除運算。

根據上面實現的功能，建立 test_calculator.py 檔案。

```
from calculator import Calculator

def test_add():
    c = Calculator(3, 5)
    result = c.add()
    assert result == 8, '加法運算失敗！'

def test_sub():
    c = Calculator(7, 2)
    result = c.sub()
```

```
    assert result == 5, '減法運算失敗!'

def test_mul():
    c = Calculator(3, 3)
    result = c.mul()
    assert result == 10, '乘法運算失敗!'

def test_div():
    c = Calculator(6, 2)
    result = c.div()
    assert result == 3, '除法運算失敗!'

if __name__ == '__main__':
    test_add()
    test_sub()
    test_mul()
    test_div()
```

執行結果如下。

```
Traceback (most recent call last):
  File "test_calculator.py", line 28, in <module>
    test_mul()
  File "test_calculator.py", line 17, in test_mul
    assert result == 10, '乘法運算失敗!'
AssertionError: 乘法運算失敗!
```

在測試程式中，首先引用 calculator 檔案中的 Calculator 類別，並對測試資料進行初始化。接下來呼叫該類別下面的方法，獲得計算結果，並斷言結果是否正確。

這樣的測試存在著一些問題。首先，我們需要自己定義斷言失敗的提示；其次，當一個測試函數執行失敗後，後面的測試函數將不再執行；最後，執行結果無法統計。

當然，我們可以透過撰寫更多的程式來解決這些問題，但這就偏離了我們做單元測試的初衷。我們應該將重點放在測試本身，而非其他上面。引用單元測試架構可以極佳地解決這些問題。

下面透過 unittest 單元測試架構重寫測試使用案例。

```python
import unittest
from calculator import Calculator

class TestCalculator(unittest.TestCase):

    def test_add(self):
        c = Calculator(3, 5)
        result = c.add()
        self.assertEqual(result, 8)

    def test_sub(self):
        c = Calculator(7, 2)
        result = c.sub()
        self.assertEqual(result, 5)

    def test_mul(self):
        c = Calculator(3, 3)
        result = c.mul()
        self.assertEqual(result, 10)

    def test_div(self):
        c = Calculator(6, 2)
        result = c.div()
        self.assertEqual(result, 3)

if __name__ == '__main__':
    unittest.main()
```

執行結果如下。

```
..F.
======================================================================
FAIL: test_mul (__main__.TestCalculator)
----------------------------------------------------------------------
Traceback (most recent call last):
  File "test_calculator_ut.py", line 21, in test_mul
    self.assertEqual(result, 10)
AssertionError: 9 != 10
----------------------------------------------------------------------
Ran 4 tests in 0.001s

FAILED (failures=1)
```

引用 unittest 模組。如果想用 unittest 撰寫測試使用案例，那麼一定要遵守它的「規則」。

（1）建立一個測試類別，這裡為 TestCalculator 類別，必須要繼承 unittest 模組的 TestCase 類別。

（2）建立一個測試方法，該方法必須以 "test" 開頭。

接下來的測試步驟與前面測試程式相同。

首先，呼叫被測試類別，傳入初始化資料。

其次，呼叫被測試方法，獲得計算結果。透過 unittest 提供的 assertEqual() 方法來斷言結果是否與預期結果相同。該方法由 TestCase 父類別提供，由於繼承了該類別，所以可以透過 self 呼叫。

最後，呼叫 unittest 的 main() 來執行測試使用案例，它會按照前面的兩條規則尋找測試使用案例並執行。

測試結果明顯豐富了很多，用 "." 表示一條執行通過的測試使用案例，用 "F" 表示一條執行失敗的測試使用案例，用 "E" 表示一條執行錯誤的測試使用案例，用 "s" 表示一條執行跳過的測試使用案例。本次統計執行了 4 條測試使用案例，執行時間為 0.001s，失敗（failures）了 1 條測試使用案例。失敗的測試使用案例也有清晰說明。

6.1.2 重要的概念

在 unittest 文件中有四個重要的概念：Test Case、Test Suite、Test Runner 和 Test Fixture。只有了解這幾個概念，才能了解單元測試的基本特徵。

1 Test Case

Test Case 是最小的測試單元，用於檢查特定輸入集合的特定傳回值。unittest 提供了 TestCase 基礎類別，我們建立的測試類別需要繼承該基礎類別，它可以用來建立新的測試使用案例。

2 Test Suite

測試套件是測試使用案例、測試套件或兩者的集合，用於組裝一組要執行的測試。unittest 提供了 TestSuite 類別來建立測試套件。

3 Test Runner

Test Runner 是一個元件，用於協調測試的執行並向使用者提供結果。Test Runner 可以使用圖形介面、文字介面或傳回特殊值來展示執行測試的結果。unittest 提供了 TextTestRunner 類別執行測試使用案例，為了產生 HTML 格式的測試報告，後面會選擇使用 HTMLTestRunner 執行類別。

4 Test Fixture

Test Fixture 代表執行一個或多個測試所需的環境準備，以及連結的清理動作。例如，建立臨時或代理資料庫、目錄，或啟動伺服器處理程序。unittest 中提供了 setUp()/tearDown()、setUpClass()/tearDownClass() 等方法來完成這些操作。

在了解上面幾個概念之後，我們對前面的測試使用案例做以下修改。

```python
import unittest
from calculator import Calculator

class TestCalculator(unittest.TestCase):

    # 測試使用案例前置動作
    def setUp(self):
        print("test start:")

    # 測試使用案例後置動作
    def tearDown(self):
        print("test end")

    def test_add(self):
        c = Calculator(3, 5)
        result = c.add()
        self.assertEqual(result, 8)

    def test_sub(self):
        c = Calculator(7, 2)
        result = c.sub()
        self.assertEqual(result, 5)

    def test_mul(self):
        c = Calculator(3, 3)
        result = c.mul()
        self.assertEqual(result, 10)

    def test_div(self):
        c = Calculator(6, 2)
        result = c.div()
        self.assertEqual(result, 3)
```

```
if __name__ == '__main__':
    # 建立測試套件
    suit = unittest.TestSuite()
    suit.addTest(TestCalculator("test_add"))
    suit.addTest(TestCalculator("test_sub"))
    suit.addTest(TestCalculator("test_mul"))
    suit.addTest(TestCalculator("test_div"))

    # 建立測試執行器
    runner = unittest.TextTestRunner()
    runner.run(suit)
```

首先，建立一個測試類別並繼承 TestCase 類別，在該類別下面建立一條以 "test" 開頭的方法為測試使用案例。這個前面已有說明，這裡再次說明是為了強調它的重要性。

其次，在測試類別中增加了 setUp()/tearDown() 方法，用於定義測試使用案例的前置和後置動作。因為在目前測試中暫時用不上，所以這裡定義了一些簡單的列印。

接下來，是測試使用案例的執行，這裡做了很大的改動。首先，拋棄了 unittest 提供的 main() 方法，而是呼叫 TestSuite 類別下面的 addTest() 來增加測試使用案例。因為一次只能增加一條使用案例，所以需要指定測試類別及測試方法。然後，再呼叫 TextTestRunner 類別下面的 run() 執行測試套件。

這樣做確實比直接使用 main() 方法要麻煩得多，但也並非沒有優點。

首先，測試使用案例的執行順序可以由測試套件的增加順序控制，而 main() 方法只能按照測試類別、方法的名稱來執行測試使用案例。例如，TestA 類比 TestB 類別先執行，test_add() 使用案例比 test_div() 使用案例先執行。

其次，當一個測試檔案中有很多測試使用案例時，並不是每次都要執行所有的測試使用案例，尤其是比較耗時的 UI 自動化測試。因而透過測試套件和測試執行器可以靈活地控制要執行的測試使用案例。

執行結果如下。

```
test start:
test end
.test start:
test end
.test start:
test end
Ftest start:
test end
.
======================================================================
FAIL: test_mul (__main__.TestCalculator)
----------------------------------------------------------------------
Traceback (most recent call last):
  File "unittest_sample.py", line 26, in test_mul
    self.assertEqual(result, 10)
AssertionError: 9 != 10


----------------------------------------------------------------------
Ran 4 tests in 0.004s

FAILED (failures=1)
```

從執行結果可以看到，setUp/tearDown 作用於每條測試使用案例的開始之處與結束之處。

6.1.3 斷言方法

在執行測試使用案例的過程中,最後測試使用案例執行成功與否,是透過測試獲得的實際結果與預期結果進行比較獲得的。unittest 架構的 TestCase 類別提供的用於測試結果的斷言方法,如表 6-1 所示。

表 6-1 TestCase 類別提供的用於測試結果的斷言方法

方法	檢查	版本
assertEqual(a, b)	a == b	
assertNotEqual(a, b)	a != b	
assertTrue(x)	bool(x) is True	
assertFalse(x)	bool(x) is False	
assertIs(a, b)	a is b	3.1
assertIsNot(a, b)	a is not b	3.1
assertIsNone(x)	x is None	3.1
assertIsNotNone(x)	x is not None	3.1
assertIn(a, b)	a in b	3.1
assertNotIn(a, b)	a not in b	3.1
assertIsInstance(a, b)	isinstance(a, b)	3.2
assertNotIsInstance(a, b)	not isinstance(a, b)	3.2

斷言方法的使用如下所示。

```python
import unittest


class TestAssert(unittest.TestCase):

    def test_equal(self):
        self.assertEqual(2+2, 4)
        self.assertEqual("python", "python")
        self.assertNotEqual("hello", "python")
```

```
    def test_in(self):
        self.assertIn("hello", "hello world")
        self.assertNotIn("hi", "hello")

    def test_true(self):
        self.assertTrue(True)
        self.assertFalse(False)

if __name__ == '__main__':
    unittest.main()
```

執行上面的測試使用案例,即可透過測試結果推斷出這些斷言方法是如何使用的。

6.1.4 測試使用案例的組織與 discover 方法

前面針對 Calculator 類別所撰寫的測試使用案例存在以下問題。

首先,一個功能對應一條測試使用案例顯然是不夠的,要寫多少測試使用案例取決於你對功能需求與測試方法的了解。

其次,是測試使用案例的劃分,筆者建議一個測試類別對應一個被測試功能。

```
import unittest
from calculator import Calculator


class TestAdd(unittest.TestCase):
    """ add() 方法測試 """

    def test_add_integer(self):
        """ 整數相加測試 """
```

```
        c = Calculator(3, 5)
        self.assertEqual(c.add(), 8)

    def test_add_decimals(self):
        """ 小數相加測試 """
        c = Calculator(3.2, 5.5)
        self.assertEqual(c.add(), 8)

    def test_add_string(self):
        """ 字串整數相加測試 """
        c = Calculator("7", "9")
        self.assertEqual(c.add(), 16)

    # ......

class TestSub(unittest.TestCase):
    """ sub() 方法測試 """
    pass

    # ......

if __name__ == '__main__':
unittest.main()
```

我們可以在一個測試檔案中定義多個測試類別，只要它們遵循測試使用
案例的「規則」，main() 方法就可以找到並執行它們。但是，我們要測試
的類別或方法可能有很多。

下面開發一個功能，用於判斷某年是否為閏年。建立 leap_year.py 檔案。

```
class LeapYear:
    """ 計算某年是否為閏年 """

    def __init__(self, year):
```

```
        self.year = int(year)

    def answer(self):
        year = self.year
        if year % 100 == 0:
            if year % 400 == 0:
                # 整百年能被 400 整除的是閏年
                return "{0} 是閏年 ".format(year)
            else:
                return "{0} 不是閏年 ".format(year)
        else:
            if year % 4 == 0:
                # 非整百年能被 4 整除的是閏年
                return "{0} 是閏年 ".format(year)
            else:
                return "{0} 不是閏年 ".format(year)
```

建立對應的測試檔案 test_leap_year.py。

```
import unittest
from leap_year import LeapYear

class TestLeapYear(unittest.TestCase):

    def test_2000(self):
        ly = LeapYear(2000)
        self.assertEqual(ly.answer(), "2000 是閏年 ")

    def test_2004(self):
        ly = LeapYear(2004)
        self.assertEqual(ly.answer(), "2004 是閏年 ")

    def test_2017(self):
```

```
        ly = LeapYear(2017)
        self.assertEqual(ly.answer(), "2017 不是閏年 ")


    def test_2100(self):
        ly = LeapYear(2100)
        self.assertEqual(ly.answer(), "2100 不是閏年 ")


if __name__ == '__main__':
    unittest.main()
```

顯然，這裡的判斷閏年功能（leap_year.py）和計算機功能（calculator.py）並不相關，它們的程式分別寫在兩個檔案當中，所以對應的測試使用案例最好分開，分別為 test_calculator.py 和 test_leap_year.py。

目前的目錄結構如下：

```
unittest_sample/
 ├── test_case/
 │ ├── calculator.py
 │ ├── leap_year.py
 │ ├── test_ calculator.py
 │ └── test_leap_year.py
 └── run_tests.py
```

如何執行多個測試檔案呢？ unittest 中的 TestLoader 類別提供的 discover() 方法，可以從多個檔案中尋找測試使用案例。

該類別根據各種標準載入測試使用案例，並將它們傳回給測試套件。正常情況下，不需要建立這個類別的實例。unittest 提供了可以共用的 defaultTestLoader 類別，可以使用其子類別或方法建立實例，discover() 方法就是其中之一。

```
discover(start_dir，pattern='test*.py'，top_level_dir=None)
```

找到指定目錄及其子目錄下的所有測試模組，只有符合的檔案名稱才能被載入。如果啟動的不是頂層目錄，那麼頂層目錄必須單獨指定。

- start_dir：待測試的模組名稱或測試使用案例目錄。
- pattern='test*.py'：測試使用案例檔案名稱的比對原則。此處比對檔案名稱以 "test" 開頭的 ".py" 型態的檔案，星號 "*" 表示任意個字元。
- top_level_dir=None：測試模組的頂層目錄，如果沒有頂層目錄，則預設為 None。

現在透過 discover() 方法重新實現 run_tests.py 檔案的功能。

```python
import unittest

# 定義測試使用案例的目錄為目前的目錄中的 test_case/ 目錄
test_dir = './test_case'
suits = unittest.defaultTestLoader.discover(test_dir, pattern='test*.py')

if __name__ == '__main__':
    runner = unittest.TextTestRunner()
    runner.run(suits)
```

discover() 方法會自動根據測試使用案例目錄（test_dir）尋找測試使用案例檔案（test*.py），並將找到的測試使用案例增加到測試套件中，因此，可以直接透過 run() 方法執行測試套件 suits。這種方式相當大地簡化了測試使用案例的尋找，我們需要做的就是按照檔案的比對規則建立測試檔案即可。

6.2 關於 unittest 還需要知道的

關於 unittest 還有一些問題值得進一步探討，如測試使用案例的執行順序等。

6.2.1　測試使用案例的執行順序

測試使用案例的執行順序有關多個層級：多個測試目錄 > 多個測試檔案 > 多個測試類別 > 多個測試方法（測試使用案例）。unittest 提供的 main() 方法和 discover() 方法是按照什麼順序尋找測試使用案例的呢？

我們先執行一個實例，再解釋 unittest 的執行策略。

```python
import unittest

class TestBdd(unittest.TestCase):

    def setUp(self):
        print("test TestBdd:")

    def test_ccc(self):
        print("test ccc")

    def test_aaa(self):
        print("test aaa")

class TestAdd(unittest.TestCase):

    def setUp(self):
        print("test TestAdd:")

    def test_bbb(self):
        print("test bbb")

if __name__ == '__main__':
    unittest.main()
```

執行結果如下。

```
test TestAdd:
test bbb
.test TestBdd:
test aaa
.test TestBdd:
test ccc
.
-----------------------------------------------------------------------
Ran 3 tests in 0.000s
```

無論執行多少次，結果都是一樣的。透過上面的結果，相信你已經找到 main() 方法執行測試使用案例的規律了。

因為 unittest 預設根據 ASCII 碼的順序載入測試使用案例的（數字與字母的順序為 0~9，A~Z，a~z），所以 TestAdd 類別會優先於 TestBdd 類別被執行，test_aaa() 方法會優先於 test_ccc() 方法被執行，也就是說，它並不是按照測試使用案例的建立順序從上到下執行的。

discover() 方法和 main() 方法的執行順序是一樣的。對測試目錄與測試檔案來說，上面的規律同樣適用。test_aaa.py 檔案會優先於 test_bbb.py 檔案被執行。所以，如果想讓某個測試檔案先執行，可以在命名上加以控制。

除命名外，有沒有其他辦法控制測試使用案例的執行順序呢？答案是一定的，前面也有介紹，我們可以宣告測試套件 TestSuite 類別，透過 addTest() 方法按照一定的順序來載入測試使用案例。

修改上面的實例如下。

```
#……

if __name__ == '__main__':
    # 建構測試集
```

```
suite = unittest.TestSuite()
suite.addTest(TestBdd("test_aaa"))
suite.addTest(TestBdd("test_ccc"))
suite.addTest(TestAdd("test_bbb"))

# 執行測試
runner = unittest.TextTestRunner()
runner.run(suite)
```

執行結果如下。

```
test TestBdd:
test aaa
.test TestBdd:
test bbb
.test TestAdd:
test ccc
.
--------------------------------------------------------------------------
Ran 3 tests in 0.002s
OK
```

現在的執行順序與 addTest() 方法載入測試使用案例的順序相同。不過，當測試使用案例非常多時，不推薦用這種方法建立測試套件，原因前面也有說明，最好的方法是透過命名控制執行順序。如果測試使用案例在設計時不產生相互依賴，那麼測試使用案例的執行順序就沒那麼重要了。

6.2.2 執行多級目錄的測試使用案例

當測試使用案例的數量達到一定量級時，就要考慮目錄劃分，例如規劃以下測試目錄。

```
test_project
├── /test_case/
│   ├── test_bbb/
│   │   ├── test_ccc/
│   │   │   └── test_c.py
│   │   └── test_b.py
│   ├── test_ddd/
│   │   └── test_d.py
│   └── test_a.py
└── run_tests.py
```

對於上面的目錄結構，如果將 discover() 方法中的 start_dir 參數定義為 "./test_case" 目錄，那麼只能載入 test_a.py 檔案中的測試使用案例。如何讓 unittest 尋找 test_case/ 下子目錄中的測試檔案呢？方法很簡單，就是在每個子目錄下放一個 __init__.py 檔案。__init__.py 檔案的作用是將一個目錄標記成一個標準的 Python 模組。

6.2.3 跳過測試和預期失敗

在執行測試時，有時需要直接跳過某些測試使用案例，或當測試使用案例符合某個條件時跳過測試，又或直接將測試使用案例設定為失敗。unittest 提供了實現這些需求的裝飾器。

```
unittest.skip(reason)
```

無條件地跳過裝飾的測試，需要說明跳過測試的原因。

```
unittest.skipIf(condition, reason)
```

如果條件為真，則跳過裝飾的測試。

```
unittest.skipUnless(condition, reason)
```

當條件為真時，執行裝飾的測試。

```
unittest.expectedFailure()
```

不管執行結果是否失敗，都將測試標記為失敗。

```python
import unittest

class MyTest(unittest.TestCase):

    @unittest.skip("直接跳過測試")
    def test_skip(self):
        print("test aaa")

    @unittest.skipIf(3 > 2, "當條件為真時跳過測試")
    def test_skip_if(self):
        print('test bbb')

    @unittest.skipUnless(3 > 2, "當條件為真時執行測試")
    def test_skip_unless(self):
        print('test ccc')

    @unittest.expectedFailure
    def test_expected_failure(self):
        self.assertEqual(2, 3)

if __name__ == '__main__':
    unittest.main()
```

執行結果如下。

```
xsstest ccc
.
----------------------------------------------------------------------
```

```
Ran 4 tests in 0.001s

OK (skipped=2, expected failures=1)
```

上面的實例建立了四條測試使用案例。

第一條測試使用案例透過 @unittest.skip() 裝飾,直接跳過測試。

第二條測試使用案例透過 @unittest.skipIf() 裝飾,當條件為真時跳過測試;3>2 條件為真(True),所以跳過測試。

第三條測試使用案例透過 @unittest.skipUnless() 裝飾,當條件為真時執行測試;3>2 條件為真(True),執行測試。

第四條測試使用案例透過 @unittest.expectedFailure 裝飾,不管執行結果是否失敗,都將測試標記為失敗,但不會抛出失敗資訊。

當然,這些方法同樣適用於測試類別,只需將它們針對測試類別裝飾即可。

```
import unittest

@unittest.skip(" 直接跳過,不測試該測試類別 ")
class MyTest(unittest.TestCase):
    # ……
```

6.2.4 Fixture

我們可以把 Fixture 看作夾心餅乾外層的兩片餅乾,這兩片餅乾就是 setUp/tearDown,中間的奶油就是測試使用案例。除此之外,unittest 還提供了更大範圍的 Fixture,如測試類別和模組的 Fixture。

```python
import unittest

def setUpModule():
    print("test module start >>>>>>>>>>>>>>")

def tearDownModule():
    print("test module end >>>>>>>>>>>>>>")

class MyTest(unittest.TestCase):

    @classmethod
    def setUpClass(cls):
        print("test class start =======>")

    @classmethod
    def tearDownClass(cls):
        print("test class end  =======>")

    def setUp(self):
        print("test case start -->")

    def tearDown(self):
        print("test case end -->")

    def test_case1(self):
        print("test case1")

    def test_case2(self):
        print("test case2")

if __name__ == '__main__':
unittest.main()
```

執行結果如下。

```
test module start >>>>>>>>>>>>>>
..test class start =======>
test case start -->
test case1
test case end -->
test case start -->
test case2
test case end -->
test class end  =======>
test module end >>>>>>>>>>>>>>
----------------------------------------------------------------------
Ran 2 tests in 0.000s
OK
```

▶ setUpModule/tearDownModule：在整個模組的開始與結束時被執行。

▶ setUpClass/tearDownClass：在測試類別的開始與結束時被執行。

▶ setUp/tearDown：在測試使用案例的開始與結束時被執行。

需要注意的是，setUpClass/tearDownClass 為類別方法，需要透過 @classmethod 進行裝飾。另外，方法的參數為 cls。其實，cls 與 self 並沒有什麼本質區別，都只表示方法的第一個參數。

6.3 撰寫 Web 自動化測試

我們學習 unittest 的目的是用它撰寫 Web 自動化測試使用案例，所以接下來會將 unittest 與 Selenium 結合起來進行 Web 自動化測試。

建立 test_baidu.py 檔案。

```python
import unittest
from time import sleep
from selenium import webdriver

class TestBaidu(unittest.TestCase):

    def setUp(self):
        self.driver = webdriver.Chrome()
        self.base_url = "https://www.baidu.com"

    def test_search_key_selenium(self):
        self.driver.get(self.base_url)
        self.driver.find_element_by_id("kw").send_keys("selenium")
        self.driver.find_element_by_id("su").click()
        sleep(2)
        title = self.driver.title
        self.assertEqual(title, "selenium_百度搜索")

    def test_search_key_unttest(self):
        self.driver.get(self.base_url)
        self.driver.find_element_by_id("kw").send_keys("unittest")
        self.driver.find_element_by_id("su").click()
        sleep(2)
        title = self.driver.title
        self.assertEqual(title, "unittest_百度搜索")

    def tearDown(self):
        self.driver.quit()

if __name__ == '__main__':
    unittest.main()
```

對上面的程式不做過多介紹，都是以 unittest 建立測試類別和方法的。方法中的程式是 Selenium 指令稿。不過，這裡的程式存在一些問題，我們來一一改進。

首先，觀察程式可以發現，兩個測試使用案例中的步驟是一樣的，唯一的區別是搜索的關鍵字和斷言的結果不同。在第 5 章我們學習過模組化，所以這裡把操作步驟封裝成一個方法。

```
...

class TestBaidu(unittest.TestCase):

    def setUp(self):
        self.driver = webdriver.Chrome()
        self.base_url = "https://www.baidu.com"

    def baidu_search(self, search_key):
        self.driver.get(self.base_url)
        self.driver.find_element_by_id("kw").send_keys(search_key)
        self.driver.find_element_by_id("su").click()
        sleep(2)

    def test_search_key_selenium(self):
        search_key = "selenium"
        self.baidu_search(search_key)
        self.assertEqual(self.driver.title, search_key+"_百度搜索")

    def test_search_key_unttest(self):
        search_key = "unittest"
        self.baidu_search(search_key)
        self.assertEqual(self.driver.title, search_key+"_百度搜索")

...
```

這裡將百度首頁的存取和搜索過程封裝成一個 baidu_search() 方法，並定義 search_key 參數為搜索關鍵字，根據接收的關鍵字執行不同內容的搜索。

這裡的 baidu_search() 方法會被當作測試使用案例執行嗎？當然不會，因為根據 unittest 尋找和執行測試使用案例的規則，它只會把以 "test" 開頭的方法當作測試使用案例。

另一個值得討論的問題是，測試使用案例的斷言要不要寫在封裝的方法中？從前面的程式可以看出，測試的斷言點是一樣的。不過，筆者更偏好把斷言寫在每一條測試使用案例裡面，因為很多時候就算操作步驟是一樣的，斷言點也不完全一樣。例如，登入功能的測試使用案例，雖然操作步驟相同，但是使用者名稱為空和密碼為空，這兩條測試使用案例的提示訊息可能顯示在不同的位置，所以取得提示訊息的定位方法是不一樣的，因此斷言也就不完全一樣了。另外，從設計的角度來看，斷言寫在每一個測試使用案例中也會更加清晰。

我們發現每一條測試使用案例都要啟動和關閉一次瀏覽器，這是非常耗時的，那麼如何減少瀏覽器的啟動和關閉次數呢？利用前面學過的 setUpClass/tearDownClass 可以解決這個問題。

```
...

class TestBaidu(unittest.TestCase):

    @classmethod
    def setUpClass(cls):
        cls.driver = webdriver.Chrome()
        cls.base_url = "https://www.baidu.com"

    def baidu_search(self, search_key):
        self.driver.get(self.base_url)
```

```
        self.driver.find_element_by_id("kw").send_keys(search_key)
        self.driver.find_element_by_id("su").click()
        sleep(2)


    def test_search_key_selenium(self):
        search_key = "selenium"
        self.baidu_search(search_key)
        self.assertEqual(self.driver.title, search_key+"_百度搜索")


    def test_search_key_unttest(self):
        search_key = "unittest"
        self.baidu_search(search_key)
        self.assertEqual(self.driver.title, search_key+"_百度搜索")


    @classmethod
    def tearDownClass(cls):
        cls.driver.quit()

...
```

雖然我們將 driver 驅動定義為 cls.driver，但是在每個測試使用案例中使
用時依然為 self.driver。當整個測試類別中的所有測試使用案例都執行完
成後，會呼叫 cls.driver.quit() 關閉瀏覽器。當一個測試類別中有多條測試
使用案例時，這種方式將大幅縮短測試使用案例的即時執行間。

07

unittest 擴充

在 第 6 章中,我們介紹了 unittest 的主要功能,但是如果只用它來寫 Web 自動化測試,則仍稍顯不足。例如,它不能產生 HTML 格式 的報告、它不能提供參數化功能等。不過,我們可以借助協力廠商擴充 來彌補這些不足。

7.1 HTML 測試報告

HTMLTestRunner 是 unittest 的一個擴充,它可以產生易用的 HTML 測試 報告。HTMLTestRunner 是在 BSD 授權下發佈的。

下載網址:http://tungwaiyip.info/software/HTMLTestRunner.html。

因為該擴充不支援 Python 3,所以筆者做了一些修改,使它可以在 Python 3 下執行。另外,還做了一些樣式調整,使其看上去更加美觀。

GitHub 位址:https://github.com/defnngj/HTMLTestRunner。

7.1.1 下載與安裝

HTMLTestRunner 的使用非常簡單，它是一個獨立的 HTMLTestRunner.py 檔案，既可以把它當作 Python 的協力廠商函數庫來使用，也可以將把它當作專案的一部分來使用。

首 先 開 啟 上 面 的 GitHub 位 址， 複 製 或 下 載 整 個 專 案。 然 後 把 HTMLTestRunner.py 單獨放到 Python 安裝目錄下面，如 C:\Python37\Lib\。

開啟 Python Shell，驗證安裝是否成功。

```
> python
Python 3.7.1 (v3.7.1:260ec2c36a, Oct 202018, 14:57:15) [MSC v.191564 bit
(AMD64)] on win32
Type "help", "copyright", "credits" or "license" for more information.
>>> import HTMLTestRunner
>>>
```

如果沒有顯示出錯，則說明安裝成功。

如果把 HTMLTestRunner 當作專案的一部分來使用，就把它放到專案目錄中。筆者推薦這種方式，因為可以方便地訂製產生的 HTMLTestRunner 報告。

```
unittest_expand/
├── test_case/
│   └── test_baidu.py
├── test_report/
├── HTMLTestRunner.py
└── run_tests.py
```

其中，test_report/ 用於儲存測試報告，稍後將會用到。

7.1.2 產生 HTML 測試報告

如果想用 HTMLTestRunner 產生測試報告，那麼請檢視本書 6.1.4 節 run_tests.py 檔案的實現。測試使用案例的執行是透過 TextTestRunner 類別提供的 run() 方法完成的。這裡需要把 HTMLTestRunner.py 檔案中的 HTMLTestRunner 類別取代 TextTestRunner 類別。

開啟 HTMLTestRunner.py 檔案，在第 694 行（如果程式更新，則行號會發生變化）可以找到 HTMLTestRunner 類別。

```python
...


class HTMLTestRunner(Template_mixin):
    """
    """
    def __init__(self, stream=sys.stdout, verbosity=1, title=None,
                 description=None):
        self.stream = stream
        self.verbosity = verbosity
        if title is None:
            self.title = self.DEFAULT_TITLE
        else:
            self.title = title
        if description is None:
            self.description = self.DEFAULT_DESCRIPTION
        else:
            self.description = description

        self.startTime = datetime.datetime.now()

    def run(self, test):
        "Run the given test case or test suite."
        result = _TestResult(self.verbosity)
```

```
        test(result)
        self.stopTime = datetime.datetime.now()
        self.generateReport(test, result)
        #print(sys.stderr, '\nTime Elapsed: %s' %
              (self.stopTime-self.startTime))
        return result
...
```

這段程式是 HTMLTestRunner 類別的部分實現，主要看 __init__() 初始化方法的參數。

- stream：指定產生 HTML 測試報告的檔案，必填。
- verbosity：指定記錄檔的等級，預設為 1。如果想得到更詳細的記錄檔，則可以將參數修改為 2。
- title：指定測試使用案例的標題，預設為 None。
- description：指定測試使用案例的描述，預設為 None。

在 HTMLTestRunner 類別中，同樣由 run() 方法來執行測試套件中的測試使用案例。修改 run_tests.py 檔案如下。

```
import unittest
from HTMLTestRunner import HTMLTestRunner


# 定義測試使用案例的目錄為目前的目錄下的 test_case 目錄
test_dir = './test_case'
suit = unittest.defaultTestLoader.discover(test_dir, pattern='test*.py')


if __name__ == '__main__':
    # 產生 HTML 格式的報告
    fp = open('./test_report/result.html', 'wb')
    runner = HTMLTestRunner(stream=fp,
                            title=" 百度搜索測試報告 ",
```

```
                                description=" 執行環境：Windows 10, Chrome 瀏覽器 "
                                )
    runner.run(suit)
    fp.close()
```

首先，使用 open() 方法開啟 result.html 檔案，用於寫入測試結果。如果沒有 result.html 檔案，則會自動建立該檔案，並將該檔案物件傳給 HTMLTestRunner 類別的初始化參數 stream。然後，呼叫 HTMLTestRunner 類別中的 run() 方法來執行測試套件。最後，關閉 result.html 檔案。

開啟 /test_report/result.html 檔案，將會獲得一張 HTML 格式的報告。HTMLTestRunner 測試報告如圖 7-1 所示。

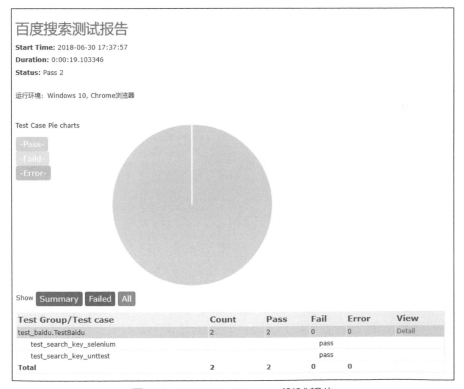

圖 7-1 HTMLTestRunner 測試報告

7.1.3　更易讀的測試報告

現在產生的測試報告並不易讀，因為它僅顯示測試類別名稱和測試方法名稱。如果隨意命名為 "test_case1"、"test_case2" 等，那麼將很難明白這些測試使用案例所測試的功能。

在撰寫功能測試使用案例時，每條測試使用案例都有標題或說明，那麼是否可為自動化測試使用案例加上中文的標題或說明呢？答案是一定的。在此之前，我們先來補充一個基礎知識：Python 的註釋。

Python 的註釋有兩種，一種叫作 comment，另一種叫作 doc string。前者為普通註釋，後者用於描述函數、類別和方法。

開啟 Python Shell，測試下面的程式。

```
>>> def add(a, b):
...     """ add() 函數需要兩個導入參數，並傳回兩個參數相加的值。"""
...     return a + b
...
>>> add(3, 5)
8
>>> help(add)
Help on function add in module __main__:

add(a, b)
    add() 函數需要兩個導入參數，並傳回兩個參數相加的值。

>>>
```

在類別或方法的下方，可以透過三引號（""" """ 或 ''' '''）增加 doc string 型態的註釋。這種註釋在平時呼叫時不會顯示，只有透過 help() 方法檢視時才會被顯示出來。

因為 HTMLTestRunner 可以讀取 doc string 型態的註釋，所以，我們只需替測試類別或方法增加這種型態的註釋即可。

```
class TestBaidu(unittest.TestCase):
""" 百度搜索測試 """

......

def test_search_key_selenium(self):
    """ 搜索關鍵字：selenium """
    ......


def test_search_key_unttest(self):
    """" 搜索關鍵字：unittest """
    ......
```

再次執行測試使用案例，檢視測試報告，加了註釋的測試報告如圖 7-2 所示。

Test Group/Test case	Count	Pass	Fail	Error	View
test_baidu.TestBaidu: 百度搜索測試	2	2	0	0	Detail
test_search_key_selenium: " 搜索关键字: selenium			pass		
test_search_key_unttest: " 搜索关键字: unittest			pass		
Total	2	2	0	0	

圖 7-2　加了註釋的測試報告

7.1.4　測試報告檔案名稱

因為測試報告的名稱是固定的，所以每次新的測試報告都會覆蓋上一次的。如果不想被覆蓋，那麼只能每次在執行前都手動修改報告的名稱。這樣顯然非常麻煩，我們最好能為測試報告自動取不同的名稱，並且還要有一定的含義。時間是個不錯的選擇，因為它可以標識每個報告的執行時間，更主要的是，時間永遠不會重複。

在 Python 的 time 模組中提供了各種關於時間操作的方法，利用這些方法可以完成這個需求。

```
>>> import time
>>> time.time()
1530352438.7203176

>>> time.ctime()
'Sat Jun 3017:54:142018'

>>> time.localtime()
time.struct_time(tm_year=2018, tm_mon=6, tm_mday=30, tm_hour=17, tm_min=
54, tm_sec=26, tm_wday=5, tm_yday=181, tm_isdst=0)

>>> time.strftime("%Y_%m_%d %H:%M:%S")
'2018_06_3017:54:39'
```

說明如下。

- time.time()：取得目前時間戳記。
- time.ctime()：目前時間的字串形式。
- time.localtime()：目前時間的 struct_time 形式。
- time.strftime()：用來取得目前時間，可以將時間格式化為字串。

開啟 runtests.py 檔案，做以下修改。

```
import time
......


if __name__ == '__main__':
# 取目前日期時間
now_time = time.strftime("%Y-%m-%d %H_%M_%S")
fp = open('./test_report/'+ now_time +'result.html', 'wb')
```

```
runner = HTMLTestRunner(stream=fp,
                        title=" 百度搜索測試報告 ",
                        description=" 執行環境：Windows 10, Chrome 瀏覽器 "
                        )
    runner.run(suit)
fp.close()
```

透過 strftime() 方法以指定的格式取得目前日期時間，並設定值給 now_time 變數。將 now_time 透過加號（＋）連接到產生的測試報告的檔案名稱中。多次執行測試使用案例，可以看到產生的測試報告目錄如圖 7-3 所示。

名稱	修改日期	類型	大小
2018-06-30 18_04_58result.html	2018/6/30 18:05	Chrome HTML D...	9 KB
2018-06-30 18_05_17result.html	2018/6/30 18:05	Chrome HTML D...	9 KB
2018-06-30 18_05_40result.html	2018/6/30 18:05	Chrome HTML D...	9 KB
result.html	2018/6/30 17:43	Chrome HTML D...	9 KB

圖 7-3 測試報告目錄

7.2 資料驅動應用

資料驅動是自動化測試的一個重要功能，在第 5 章中，介紹了資料檔案的使用。雖然不使用單元測試架構一樣可以寫測試程式和使用資料檔案，但是這就表示放棄了單元測試架構提供給我們的所有功能，如測試使用案例的斷言、靈活的執行機制、結果統計及測試報告等。這些都需要自己去實現，顯然非常麻煩。所以，拋開單元測試架構談資料驅動的使用是沒有意義的。

下面探討資料驅動的使用，以及 unittest 關於參數化的函數庫。

7.2.1 資料驅動

由於大多數文章和資料都把「讀取資料檔案」看作資料驅動的標示,所以我們來討論一下這個問題。

在 unittest 中,使用讀取資料檔案來實現參數化可以嗎?當然可以。這裡以讀取 CSV 檔案為例。建立一個 baidu_data.csv 檔案,如圖 7-4 所示。

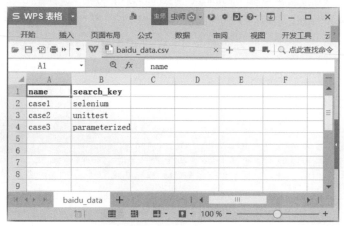

圖 7-4　baidu_data.csv 檔案

檔案第一列為測試使用案例名稱,第二例為搜索的關鍵字。接下來建立 test_baidu_data.py 檔案。

```python
import csv
import codecs
import unittest
from time import sleep
from itertools import islice
from selenium import webdriver


class TestBaidu(unittest.TestCase):

    @classmethod
```

```
    def setUpClass(cls):
        cls.driver = webdriver.Chrome()
        cls.base_url = "https://www.baidu.com"

    @classmethod
    def tearDownClass(cls):
        cls.driver.quit()

    def baidu_search(self, search_key):
        self.driver.get(self.base_url)
        self.driver.find_element_by_id("kw").send_keys(search_key)
        self.driver.find_element_by_id("su").click()
        sleep(3)

    def test_search(self):
        with codecs.open('baidu_data.csv', 'r', 'utf_8_sig') as f:
            data = csv.reader(f)
            for line in islice(data, 1, None):
                search_key = line[1]
                self.baidu_search(search_key)

if __name__ == '__main__':
    unittest.main(verbosity=2)
```

這樣做似乎沒有問題,確實可以讀取 baidu_data.csv 檔案中的三筆資料並
進行測試,測試結果如下。

```
test_search (__main__.TestBaidu) ... ok


----------------------------------------------------------------------
Ran 1 test in 18.671s


OK
```

所有測試資料被當作一條測試使用案例執行了。我們知道，unittest 是以
"test" 開頭的測試方法來劃分測試使用案例的，而此處是在一個測試方法
下面透過 for 循環來讀取測試資料並執行的，因而會被當作一條測試使用
案例。

這樣劃分並不合理，例如，有 10 筆資料，只要有 1 筆資料執行失敗，那
麼整個測試使用案例就執行失敗了。所以，10 筆資料對應 10 條測試使用
案例更為合適，就算其中 1 筆資料的測試使用案例執行失敗了，也不會
影響其他 9 筆資料的測試使用案例的執行，並且在定位測試使用案例失
敗的原因時會更加簡單。

```python
import csv
import codecs
import unittest
from time import sleep
from itertools import islice
from selenium import webdriver


class TestBaidu(unittest.TestCase):

    @classmethod
    def setUpClass(cls):
        cls.driver = webdriver.Chrome()
        cls.base_url = "https://www.baidu.com"
        cls.test_data = []
        with codecs.open('baidu_data.csv', 'r', 'utf_8_sig') as f:
            data = csv.reader(f)
            for line in islice(data, 1, None):
                cls.test_data.append(line)

    @classmethod
    def tearDownClass(cls):
```

```
        cls.driver.quit()

    def baidu_search(self, search_key):
        self.driver.get(self.base_url)
        self.driver.find_element_by_id("kw").send_keys(search_key)
        self.driver.find_element_by_id("su").click()
        sleep(3)

    def test_search_selenium(self):
        self.baidu_search(self.test_data[0][1])

    def test_search_unittest(self):
        self.baidu_search(self.test_data[1][1])

    def test_search_parameterized(self):
        self.baidu_search(self.test_data[2][1])


if __name__ == '__main__':
    unittest.main(verbosity=2)
```

這一次，用 setUpClass() 方法讀取 baidu_data.csv 檔案，並將檔案中的資料儲存到 test_data 陣列中。分別建立不同的測試方法使用 test_data 中的資料，測試結果如下。

```
test_search_parameterized (__main__.TestBaidu) ... ok
test_search_selenium (__main__.TestBaidu) ... ok
test_search_unittest (__main__.TestBaidu) ... ok


----------------------------------------------------------------------
Ran 3 tests in 18.549s


OK
```

從測試結果可以看到，3 筆資料被當作 3 條測試使用案例執行了。那麼是不是就完美解決了前面的問題呢？接下來，需要思考一下，讀取資料檔案帶來了哪些問題？

（1）增加了讀取的成本。不管什麼樣的資料檔案，在執行自動化測試使用案例前都需要將檔案中的資料讀取到程式中，這一步是不能少的。

（2）不方便維護。讀取資料檔案是為了方便維護，但事實上恰恰相反。在 CSV 資料檔案中，並不能直觀表現出每一筆資料對應的測試使用案例。而在測試使用案例中透過 test_data[0][1] 方式取得資料也存在很多問題，如果在 CSV 檔案中間插入了一筆資料，那麼測試使用案例取得到的測試資料很可能就是錯的。

如果在測試過程中需要用很多資料怎麼辦？我們知道測試指令稿並不是用來儲存資料的地方，如果待測試的資料很多，那麼全部放到測試指令稿中顯然並不合適。

在回答這個問題之前，先思考一下什麼是 UI 自動化測試？ UI 自動化測試是站在使用者的角度模擬使用者的操作。那麼使用者在什麼場景下會輸入大量的資料呢？其實輸入大量資料的功能很少，如果整個系統都需要使用者重複或大量地輸入資料，那麼很可能是使用者體驗做得不好！大多數時候，系統只允許使用者輸入使用者名稱、密碼和個人資訊，或搜索一些關鍵字等。

假設我們要測試使用者發文章的功能，這時確實會用到大量的資料。

那麼讀取資料檔案是不是就完全沒必要了呢？當然不是，例如一些自動化測試的設定就可以放到資料檔案中，如執行環境、執行的瀏覽器等，放到設定檔中會更方便管理。

7.2.2 Parameterized

Parameterized 是 Python 的一個參數化函數庫,同時支援 unittest、Nose 和 pytest 單元測試架構。

GitHub 位址:https://github.com/wolever/parameterized。

Parameterized 支援 pip 安裝。

```
> pip install parameterized
```

在第 6.3 節實現了百度搜索的測試,這裡將透過 Parameterized 實現參數化。

```python
import unittest
from time import sleep
from selenium import webdriver
from parameterized import parameterized


class TestBaidu(unittest.TestCase):

    @classmethod
    def setUpClass(cls):
        cls.driver = webdriver.Chrome()
        cls.base_url = "https://www.baidu.com"


    def baidu_search(self, search_key):
        self.driver.get(self.base_url)
        self.driver.find_element_by_id("kw").send_keys(search_key)
        self.driver.find_element_by_id("su").click()
        sleep(2)


    # 透過 Parameterized 實現參數化
    @parameterized.expand([
```

```
        ("case1", "selenium"),
        ("case2", "unittest"),
        ("case3", "parameterized"),
         ])
def test_search(self, name, search_key):
    self.baidu_search(search_key)
    self.assertEqual(self.driver.title, search_key + "_百度搜索")


    @classmethod
    def tearDownClass(cls):
        cls.driver.quit()


if __name__ == '__main__':
    unittest.main(verbosity=2)
```

這裡的主要改動在測試使用案例部分。

首先，匯入 Parameterized 函數庫下面的 parameterized 類別。

其次，透過 @parameterized.expand() 來裝飾測試使用案例 test_search()。

在 @parameterized. expand() 中，每個元組都可以被認為是一筆測試使用案例。元組中的資料為該條測試使用案例變化的值。在測試使用案例中，透過參數來取每個元組中的資料。

在 test_search() 中，name 參數對應元組中第一列資料，即 "case1"、"case2"、"case3"，用來定義測試使用案例的名稱；search_key 參數對應元組中第二列資料，即 "selenium"、"unittest"、"parameterized"，用來定義搜索的關鍵字。

最後，使用 unittest 的 main() 方法，設定 verbosity 參數為 2，輸出更詳細的執行記錄檔。執行上面的測試使用案例，結果如下。

```
test_search_0_case1 (__main__.TestBaidu) ... ok
test_search_1_case2 (__main__.TestBaidu) ... ok
test_search_2_case3 (__main__.TestBaidu) ... ok


----------------------------------------------------------------------

Ran 3 tests in 19.068s


OK
```

透過測試結果可以看到，因為是根據 @parameterized.expand() 中元組的個數來統計測試使用案例數的，所以產生了 3 條測試使用案例。test_search 為定義的測試使用案例的名稱。參數化會自動加上 "0"、"1" 和 "2" 來區分每條測試使用案例，在元組中定義的 "case1"、"case2"、"case3" 也會作為每條測試使用案例名稱的副檔名出現。

7.2.3 DDT

DDT（Data-Driven Tests）是針對 unittest 單元測試架構設計的擴充函數庫。允許使用不同的測試資料來執行一個測試使用案例，並將其展示為多個測試使用案例。

GitHub 位址：https://github.com/datadriventests/ddt。

DDT 支援 pip 安裝。

```
> pip install ddt
```

同樣以百度搜索為例，來看看 DDT 的用法。建立 test_baidu_ddt.py 檔案。

```
import unittest
from time import sleep
from selenium import webdriver
from ddt import ddt, data, file_data, unpack
```

```
@ddt
class TestBaidu(unittest.TestCase):

    @classmethod
    def setUpClass(cls):
        cls.driver = webdriver.Chrome()
        cls.base_url = "https://www.baidu.com"

    def baidu_search(self, search_key):
        self.driver.get(self.base_url)
        self.driver.find_element_by_id("kw").send_keys(search_key)
        self.driver.find_element_by_id("su").click()
        sleep(3)

    # 參數化使用方式一
    @data(["case1", "selenium"], ["case2", "ddt"], ["case3", "python"])
    @unpack
    def test_search1(self, case, search_key):
        print("第一組測試使用案例：", case)
        self.baidu_search(search_key)
        self.assertEqual(self.driver.title, search_key + "_百度搜索")

    # 參數化使用方式二
    @data(("case1", "selenium"), ("case2", "ddt"), ("case3", "python"))
    @unpack
    def test_search2(self, case, search_key):
        print("第二組測試使用案例：", case)
        self.baidu_search(search_key)
        self.assertEqual(self.driver.title, search_key + "_百度搜索")

    # 參數化使用方式三
    @data({"search_key": "selenium"}, {"search_key": "ddt"}, {"search_key":
```

```
            "python"})
    @unpack
    def test_search3(self, search_key):
        print("第三組測試使用案例:", search_key)
        self.baidu_search(search_key)
        self.assertEqual(self.driver.title, search_key + "_百度搜索")


    @classmethod
    def tearDownClass(cls):
        cls.driver.quit()

if __name__ == '__main__':
    unittest.main(verbosity=2)
```

使用 DDT 需要注意以下幾點。

首先，測試類別需要透過 @ddt 裝飾器進行裝飾。

其次，DDT 提供了不同形式的參數化。這裡列舉了三組參數化，第一組為列表，第二組為元組，第三組為字典。需要注意的是，字典的 key 與測試方法的參數要保持一致。

執行結果如下。

```
test_search1_1___case1____selenium__ (__main__.TestBaidu)
list() -> new empty list ... 第一組測試使用案例:case1
ok
test_search1_2___case2____ddt__ (__main__.TestBaidu)
list() -> new empty list ... 第一組測試使用案例:case2
ok
test_search1_3___case3____python__ (__main__.TestBaidu)
list() -> new empty list ... 第一組測試使用案例:case3
ok
test_search2_1___case1____selenium__ (__main__.TestBaidu)
```

```
tuple() -> empty tuple ... 第二組測試使用案例：case1
ok
test_search2_2___case2____ddt__ (__main__.TestBaidu)
tuple() -> empty tuple ... 第二組測試使用案例：case2
ok
test_search2_3___case3____python__ (__main__.TestBaidu)
tuple() -> empty tuple ... 第二組測試使用案例：case3
ok
test_search3_1 (__main__.TestBaidu)
dict() -> new empty dictionary ... 第三組測試使用案例：selenium
ok
test_search3_2 (__main__.TestBaidu)
dict() -> new empty dictionary ... 第三組測試使用案例：ddt
ok
test_search3_3 (__main__.TestBaidu)
dict() -> new empty dictionary ... 第三組測試使用案例：python
ok

----------------------------------------------------------------------
Ran 9 tests in 39.290s

OK
```

DDT 同樣支援資料檔案的參數化。它封裝了資料檔案的讀取，讓我們更專注於資料檔案中的內容，以及在測試使用案例中的使用，而不需要關心資料檔案是如何被讀取進來的。

首先，建立 ddt_data_file.json 檔案。

```
{
    "case1": {"search_key": "python"},
    "case2": {"search_key": "ddt"},
    "case3": {"search_key": "Selenium"}
}
```

在測試使用案例中使用 test_data_file.json 檔案參數化測試使用案例,在 test_baidu_ddt.py 檔案中增加測試使用案例資料。

```
...
    # 參數化讀取 JSON 檔案
    @file_data('ddt_data_file.json')
    def test_search4(self, search_key):
        print("第四組測試使用案例:", search_key)
        self.baidu_search(search_key)
        self.assertEqual(self.driver.title, search_key + "_百度搜索")
```

注意,ddt_data_file.json 檔案需要與 test_baidu_ddt.py 放在同一目錄下面,否則需要指定 ddt_data_file.json 檔案的路徑。

除此之外,DDT 還支援 yaml 格式的資料檔案。建立 ddt_data_file.yaml 檔案。

```
case1:
  - search_key: "python"
case2:
  - search_key: "ddt"
case3:
  - search_key: "unittest"
```

在 test_baidu_ddt.py 檔案中增加測試使用案例。

```
    ...
    # 參數化讀取 yaml 檔案
    @file_data('ddt_data_file.yaml')
    def test_search5(self, case):
        search_key = case[0]["search_key"]
        print("第五組測試使用案例:", search_key)
        self.baidu_search(search_key)
        self.assertEqual(self.driver.title, search_key + "_百度搜索")
```

這裡的取值與上面的 JSON 檔案有所不同，因為每一條使用案例都被解析為 [{'search_key': 'python'}]，所以要想取到搜索關鍵字，則需要透過 case[0]["search_key"] 的方式取得。

7.3 自動發送郵件功能

自動發送郵件功能是自動化測試專案的重要需求之一，當自動化測試使用案例執行完成之後，可自動向相關人員的電子郵件發送測試報告。嚴格來講，這裡介紹的發送郵件模組並不屬於 unittest 的擴充，不過，我們仍然可以將它與 unittest 結合使用。

SMTP（Simple Mail Transfer Protocol）是簡單郵件傳輸協定，是一組由源位址到目的位址傳送郵件的規則，可以控制信件的中轉方式。Python 的 smtplib 模組提供了簡單的 API 用來實現發送郵件功能，它對 SMTP 進行了簡單的封裝。

在實現發送郵件功能之前，需要補充一個基礎知識。在給其他人發送郵件之前，首先需要有一個自己的電子郵件。透過瀏覽器開啟電子郵件網址（如 www.126.com），或開啟電子郵件用戶端（如 Foxmail），登入自己的電子郵件帳號。如果是電子郵件用戶端，則還需要設定電子郵件伺服器位址（如 smtp.126.com）。然後填寫收件人位址、郵件的主題和正文，以及增加附件等。即使透過 Python 實現發送郵件功能，也需要設定這些資訊。

7.3.1 Python 附帶的發送郵件功能

在發送郵件時，除填寫主題和正文外，還可以增加副本收件者、增加附件等。這裡我們分別把測試報告作為正文和附件進行發送。

1 發送郵件正文

```
import smtplib
from email.mime.text import MIMEText
from email.header import Header


# 發送郵件主題
subject = 'Python email test'


# 撰寫 HTML 型態的郵件正文
msg = MIMEText('<html><h1>你好！</h1></html>', 'html', 'utf-8')
msg['Subject'] = Header(subject, 'utf-8')


# 發送郵件
smtp = smtplib.SMTP()
smtp.connect("smtp.126.com")
smtp.login("sender@126.com", "a123456")
smtp.sendmail("sender@126.com", "receiver@126.com", msg.as_string())
smtp.quit()
```

首先，呼叫 email 模組下面的 MIMEText 類別，定義發送郵件的正文、格式，以及編碼。

然後，呼叫 email 模組下面的 Header 類別，定義郵件的主題和編碼型態。

smtplib 模組用於發送郵件。connect() 方法指定連接的電子郵件服務；login() 方法指定登入電子郵件的帳號和密碼；sendmail() 方法指定寄件者、收件人，以及郵件的正文；quit() 方法用於關閉郵件伺服器的連接。

登入收件人電子郵件，可看到郵件內容如圖 7-5 所示。

圖 7-5 郵件內容

2 發送帶附件的郵件

```python
import smtplib
from email.mime.text import MIMEText
from email.mime.multipart import MIMEMultipart

# 郵件主題
subject = 'Python send email test'
# 發送的附件
with open('log.txt', 'rb') as f:
    send_att = f.read()

att = MIMEText(send_att, 'text', 'utf-8')
att["Content-Type"] = 'application/octet-stream'
att["Content-Disposition"] = 'attachment; filename="log.txt"'

msg = MIMEMultipart()
msg['Subject'] = subject
msg.attach(att)

# 發送郵件
smtp = smtplib.SMTP()
smtp.connect("smtp.126.com")
smtp.login("sender@126.com", "a123456")
```

```
smtp.sendmail("sender@126.com", "receiver@126.com", msg.as_string())
smtp.quit()
```

帶附件的郵件要稍微複雜一些。

首先，讀取附件的內容。透過 MIMEText 類別，定義發送郵件的正文、格式，以及編碼；Content-Type 指定附件內容類型；application/octet-stream 表示二進位流；Content-Disposition 指定顯示附件的檔案；attachment; filename="log.txt" 指定附件的檔案名稱。

然後，使用 MIMEMultipart 類別定義郵件的主題，attach() 指定附件資訊。

最後，透過 smtplib 模組發送郵件，發送過程與第一個實例相同。

帶附件的郵件如圖 7-6 所示。

圖 7-6 帶附件的郵件

7.3.2 用 yagmail 發送郵件

yagmail 是 Python 的一個協力廠商函數庫，可以讓我們以非常簡單的方法實現自動發送郵件功能。

GitHub 專案位址：https://github.com/kootenpv/yagmail。

透過 pip 指令安裝。

```
> pip install yagmail
```

專案文件提供了的簡單發送郵件的實例。

```
import yagmail

# 連接電子郵件伺服器
yag = yagmail.SMTP(user="sender@126.com", password="a123456", host=
'smtp.126.com')

# 郵件正文
contents = ['This is the body, and here is just text http://somedomain/
image.png',
            'You can find an audio file attached.']

# 發送郵件
yag.send('receiver@126.com', 'subject', contents)
```

總共四行程式，是不是比上面的實例簡單太多了。有了前面的基礎，這裡的程式就不需要做過多解釋了。

如果想給多個使用者發送郵件，那麼只需把收件人放到一個 list 中即可。

```
...
# 發送郵件
yag.send(['aa@126.com','bb@qq.com','cc@gmail.com'], 'subject', contents)
```

如果想發送帶附件的郵件，那麼只需指定本機附件的路徑即可。

```
...
# 發送郵件
yag.send('aa@126.com', 'subject', contents, ["d://log.txt","d://
baidu_img.jpg"])
```

另外，還可以透過 list 指定多個附件。yagmail 函數庫相當大地簡化了發送郵件的程式。

7.3.3 整合自動發送郵件功能

在學習了如何用 Python 實現發送郵件之後，現在只需將功能整合到自動
化測試專案中即可。開啟 run_tests.py 檔案，修改程式如下。

```python
import time
import unittest
import yagmail
from HTMLTestRunner import HTMLTestRunner

# 把測試報告作為附件發送到指定電子郵件
def send_mail(report):
    yag = yagmail.SMTP(user="sender@126.com",
                       password="a123456",
                       host='smtp.126.com')
    subject = " 主題，自動化測試報告 "
    contents = " 正文，請檢視附件。"
    yag.send('receiver@126.com', subject, contents, report)
    print('email has send out !')

if __name__ == '__main__':
    # 定義測試使用案例的目錄為目前的目錄
    test_dir = './test_case'
    suit = unittest.defaultTestLoader.discover(test_dir, pattern=
'test_*.py')

    # 取得目前日期和時間
    now_time = time.strftime("%Y-%m-%d %H_%M_%S")
    html_report = './test_report/' + now_time + 'result.html'
    fp = open(html_report, 'wb')
    # 呼叫 HTMLTestRunner，執行測試使用案例
    runner = HTMLTestRunner(stream=fp,
                            title=" 百度搜索測試報告 ",
                            description=" 執行環境：Windows 10, Chrome 瀏覽器 "
                            )
```

```
runner.run(suit)
fp.close()
send_mail(html_report)  # 發送報告
```

整個程式的執行過程可以分為兩部分：

（1）定義測試報告檔案，並設定值給變數 html_report，透過 HTMLTestRunner 執行測試使用案例，將結果寫入檔案後關閉。

（2）呼叫 send_mail() 函數，並傳入 html_report 檔案。在 send_mail() 函數中，把測試報告作為郵件的附件發送到指定電子郵件。

為什麼不把測試報告的內容讀取出來作為郵件正文發送呢？因為 HTMLTestRunner 報告在展示時參考了 Bootstrap 樣式庫，當作為郵件正文「寫死」在郵件中時，會導致樣式遺失，所以作為附件發送更為合適。附件中的自動化測試報告如圖 7-7 所示。

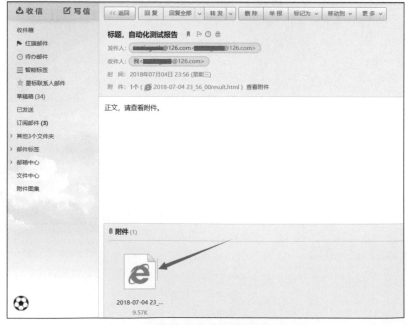

圖 7-7 附件中的自動化測試報告

Page Object

Page Object 是 UI 自動化測試專案開發實作的最佳設計模式之一，它的主要特點表現在對介面互動細節的封裝上，使測試使用案例更專注於業務的操作，進一步加強測試使用案例的可維護性。

8.1 認識 Page Object

當為 Web 頁面撰寫測試時，需要操作該 Web 頁面上的元素。然而，如果在測試程式中直接操作 Web 頁面上的元素，那麼這樣的程式是極其脆弱的，因為 UI 會經常變動。

Page Object 原理如圖 8-1 所示。

page 物件的一個基本經驗法則是：凡是人能做的事，page 物件透過軟體用戶端都能做到。因此，它應當提供一個易於程式設計的介面，並隱藏視窗中底層的套件。當存取一個文字標籤時，應該透過一個存取方法（Accessor Method）實現字串的取得與傳回，核取方塊應當使用布林值，按鈕應當被表示為行為導向的方法名稱。page 物件應當把在 GUI 控制項上所有查詢和操作資料的行為封裝為方法。

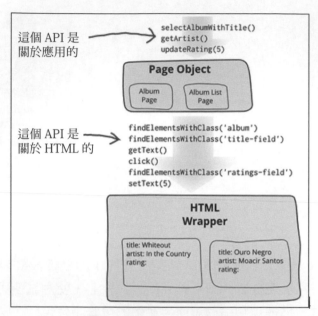

圖 8-1 Page Object 原理

一個好的經驗法則是,即使改變實際的元素,page 物件的介面也不應當發生變化。

儘管該術語是 page 物件,但並不表示需要針對每個頁面建立一個這樣的物件。例如,頁面上有重要意義的元素可以獨立為一個 page 物件。經驗法則的目的是透過為頁面建模,使其對應用程式的使用者變得有意義。

Page Object 是一種設計模式,在自動化測試開發中應遵循這種設計模式來撰寫程式。

Page Object 應該遵循以下原則進行開發:

- Page Object 應該易用。
- 有清晰的結構,如 PageObjects 對應頁面物件,PageModules 對應頁面內容。

- 只寫測試內容，不寫基礎內容。
- 在可能的情況下防止樣板程式。
- 不需要自己管理瀏覽器。
- 在執行時期選擇瀏覽器，而非類別等級。
- 不需要直接接觸 Selenium。

8.2 實現 Paget Object

下面我們將透過實例介紹這種設計模式的使用。

8.2.1 Paget Object 簡單實例

以百度搜索為列，假設我們有以下測試程式。

```
...

def test_baidu_search_case1(self):
self.driver.get(self.base_url)
self.driver.find_element_by_id("kw").send_keys("selenium")
self.driver.find_element_by_id("su").click()


def test_baidu_search_case2(self):
self.driver.get(self.base_url)
self.driver.find_element_by_id("kw").send_keys("unittest")
self.driver.find_element_by_id("su").click()


def test_baidu_search_case3(self):
self.driver.get(self.base_url)
self.driver.find_element_by_id("kw").send_keys("page object")
self.driver.find_element_by_id("su").click()
......
```

這段程式最大的問題就是在三條測試使用案例中重複使用了元素的定位和操作。這會帶來一個很大的問題，當元素的定位發生變化後，例如，id=kw 失效了，應即時調整定位方法，這時就需要在三條測試使用案例中分別進行修改。假設，我們的自動化專案有幾百條測試使用案例，而 UI 很可能是頻繁變化的，那麼就會加強自動化測試使用案例的維護成本。

Page Object 的設計思維上是把元素定位與元素操作進行分層，這樣帶來最直接的好處就是當元素發生變化時，只需維護 page 層的元素定位，而不需要關心在哪些測試使用案例當中使用了這些元素。在撰寫測試使用案例時，也不需要關心元素是如何定位的。

建立 baidu_page.py 檔案，內容如下。

```
class BaiduPage():

    def __init__(self, driver):
        self.driver = driver

    def search_input(self, search_key):
        self.driver.find_element_by_id("kw").send_keys(search_key)

    def search_button(self):
        self.driver.find_element_by_id("su").click()
```

首先，建立 BaiduPage 類別，在 __init__() 初始化方法中接收參數 driver 並設定值給 self.driver。然後，分別封裝 search_input() 方法和 search_button() 方法，定位並操作元素。這裡的封裝只針對一個頁面中可能會操作到的元素，原則上是一個元素封裝成一個方法。當元素的定位方法發生改變時，只需維護這裡的方法即可，而不需要關心這個方法被哪些測試使用案例使用了。

```
from baidu_page import BaiduPage
...
```

```
    def test_baidu_search_case1(self):
        self.driver.get(self.base_url)
        bd = BaiduPage(self.driver)
        bd.search_input("selenium")
        bd.search_button()


    def test_baidu_search_case2(self):
        self.driver.get(self.base_url)
        bd = BaiduPage(self.driver)
        bd.search_input("unittest")
        bd.search_button()


    def test_baidu_search_case3(self):
        self.driver.get(self.base_url)
        bd = BaiduPage(self.driver)
        bd.search_input("page object")
        bd.search_button()
    ...
```

首先在測試中匯入 BaiduPage 類別，然後在每個測試使用案例中為
BaiduPage 類別傳入驅動，這樣就可以輕鬆地使用它封裝的方法來設計實
際的測試使用案例了。這樣做的目的就是在測試使用案例中消除元素定
位。如果你要操作百度輸入框，那麼只需呼叫 search_input() 方法並傳入
搜索關鍵字即可，並不需要關心百度輸入框是如何定位的。

8.2.2 改進 Paget Object 封裝

上面的實例示範了 Page Object 設計模式的基本原理，這樣的分層確實
帶來不少好處，但同時也帶來一些問題。例如，需要寫更多的程式。以
前一條測試使用案例只需寫 4 到 5 行程式即可，現在卻不得不先在 Page
層針對每個待操作的元素進行封裝，然後再到實際的測試使用案例中參
考。為了使 Page 層的封裝更加方便，我們做一些改進。

建立 base.py 檔案，內容如下。

```python
import time

class BasePage:
    """
    基礎 Page 層，封裝一些常用方法
    """

    def __init__(self, driver):
        self.driver = driver

    # 開啟頁面
    def open(self, url=None):
        if url is None:
            self.driver.get(self.url)
        else:
            self.driver.get(url)

    # id 定位
    def by_id(self, id_):
        return self.driver.find_element_by_id(id_)

    # name 定位
    def by_name(self, name):
        return self.driver.find_element_by_name(name)

    # class 定位
    def by_class(self, class_name):
        return self.driver.find_element_by_class_name(class_name)

    # XPath 定位
    def by_xpath(self, xpath):
```

```
        return self.driver.find_element_by_xpath(xpath)

    # CSS 定位
    def by_css(self, css):
        return self.driver.find_element_by_css_selector(css)

    # 取得 title
    def get_title(self):
        return self.driver.title

    # 取得頁面 text，僅使用 XPath 定位
    def get_text(self, xpath):
        return self.by_xpath(xpath).text

    # 執行 JavaScript 指令稿
    def js(self, script):
        self.driver.execute_script(script)
```

建立 BasePage 類別作為所有 Page 類別的基礎類別，在 BasePage 類別中
封裝一些方法，這些方法是我們在做自動化時經常用到的。

■ open() 方法用於開啟網頁，它接收一個 url 參數，預設為 None。如果
  url 參數為 None，則預設開啟子類別中定義的 url。稍後會在子類別中
  定義 url 變數。

■ by_id() 和 by_name() 方法。我們知道，Selenium 提供的元素定位方法
  很長，這裡做了簡化，只是為了在子類別中使用更加簡便。

■ get_title() 和 get_text() 方法。這些方法是在寫自動化測試時經常用到
  的方法，也可以定義在 BasePage 類別中。需要注意的是，get_text()
  方法需要接收元素定位，這裡預設為 XPath 定位。

當然，我們還可以根據自己的需求封裝更多的方法到 BasePage 類別中。

修改 baidu_page.py 檔案。

```
from base import BasePage


class BaiduPage(BasePage):
    """ 百度 Page 層，百度頁面封裝操作到的元素 """
    url = "https://www.baidu.com"

    def search_input(self, search_key):
        self.by_id("kw").send_keys(search_key)


    def search_button(self):
        self.by_id("su").click()
```

建立 BaiduPage.py 類別繼承 BasePage 類別，定義 url 變數，供父類別中
的 open() 方法使用。這裡可能會有點繞，所以舉個實例：小明的父親有
一輛電動玩具汽車，電動玩具汽車需要電池才能跑起來，但小明的父親並
沒有為電動玩具汽車安裝電池。小明繼承了父親的這輛電動玩具汽車，
為了讓電動玩具汽車跑起來，小明購買了電池。在這個實例中，open() 方
法就是「電動玩具汽車」，open() 方法中使用的 self.url 就是「電池」，子
類別中定義的 url 是為了給父類別中的 open() 方法使用的。

在 search_input() 和 search_button() 方法中使用了父類別的 self.by_id() 方
法來定位元素，比原生的 Selenium 方法簡短了不少。

在測試使用案例中，使用 BaiduPage 類別及它所繼承的父類別中的方法。

```
import unittest
from time import sleep
from selenium import webdriver
from baidu_page import BaiduPage


class TestBaidu(unittest.TestCase):
```

```
    @classmethod
    def setUpClass(cls):
        cls.driver = webdriver.Chrome()

    def test_baidu_search_case(self):
        page = BaiduPage(self.driver)
        page.open()
        page.search_input("selenium")
        page.search_button()
        sleep(2)
        self.assertEqual(page.get_title(), "selenium_百度搜索")

    @classmethod
    def tearDownClass(cls):
        cls.driver.quit()

if __name__ == '__main__':
    unittest.main(verbosity=2)
```

因為前面封裝了元素的定位，所以在撰寫測試使用案例時會方便不少，當需要用到哪個 Page 類別時，只需將它傳入瀏覽器驅動，就可以使用該類別中提供的方法了。

8.3 poium 測試函數庫

poium 是一個以 Selenium/appium 為基礎的 Page Object 測試函數庫，最大的特點是簡化了 Page 層元素的定義。

專案位址：https://github.com/defnngj/poium。

支援 pip 安裝。

```
> pip install poium
```

8.3.1 基本使用

使用 poium 重新定義 baidu_page.py。

```
from poium import Page, PageElement

class BaiduPage(Page):
    """ 百度 Page 層，百度頁面封裝操作到的元素 """
    search_input = PageElement(id_="kw")
search_button = PageElement(id_="su")
```

建立 BaiduPage 類別，使其繼承 poium 函數庫中的 Page 類別。呼叫 PageElement 類別定義元素定位，並設定值給變數 search_input 和 search_button。這裡僅封裝元素的定位，並傳回元素物件，元素的實際操作仍然在測試使用案例中完成，這也更加符合 Page Object 的思維，將元素定位與元素操作分層。

在測試使用案例中的使用如下。

```
from baidu_page import BaiduPage

class TestBaidu(unittest.TestCase):

    ...

    def test_baidu_search_case1(self):
        page = BaiduPage(self.driver)
        page.get("https://www.baidu.com")
        page.search_input = "selenium"
        page.search_button.click()

    ...
```

首先匯入 BiaduPage 類別，傳入瀏覽器驅動。然後，呼叫 get() 方法存取 URL，該方法由 Page 類別提供。接下來呼叫 BaiduPage 類別中定義的元素物件，即 search_input 和 search_button，實現對應的輸入和點擊操作。

8.3.2 更多用法

想要更進一步地使用 poium，需要了解下面的一些使用技巧。

1 支援的定位方法

poium 支援 8 種定位方式。

```
from poium import Page, PageElement

class SomePage(Page):
    elem_id = PageElement(id_='id')
    elem_name = PageElement(name='name')
    elem_class = PageElement(class_name='class')
    elem_tag = PageElement(tag='input')
    elem_link_text = PageElement(link_text='this_is_link')
    elem_partial_link_text = PageElement(partial_link_text='is_link')
    elem_xpath = PageElement(xpath='//*[@id="kk"]')
    elem_css = PageElement(css='#id')
```

2 設定元素逾時時間

透過 timeout 參數可設定元素逾時時間，預設為 10s。

```
from poium import Page, PageElement

class BaiduPage(Page):
    search_input = PageElement(id_='kw', timeout=5)
    search_button = PageElement(id_='su', timeout=30)
```

3 設定元素描述

當一個 Page 類別中定義的元素非常多時，必須透過註釋來增加可讀性，這時可以使用 describe 參數。

```
from poium import Page, PageElement

class LoginPage(Page):
    """
    登入 Page 類別
    """
    username = PageElement(css='#loginAccount', describe=" 使用者名稱 ")
    password = PageElement(css='#loginPwd', describe=" 密碼 ")
    login_button = PageElement(css='#login_btn', describe=" 登入按鈕 ")
user_info = PageElement(css="a.nav_user_name > span", describe=" 使用者資訊 ")
```

需要強調的是，describe 參數並無實際意義，只是增加了元素定義的可讀性。

4 定位一組元素

當我們要定位一組元素時，可以使用 PageElements 類別。

```
from poium import Page, PageElement

class ResultPage(Page):
    # 定位一組元素
    search_result = PageElements(xpath="//div/h3/a")
```

poium 相當大地簡化了 Page 層的定義，除此之外，它還提供了很多的 API，如 PageSelect 類別簡化了下拉清單的處理等。讀者可以到 GitHub 專案中檢視相關資訊。目前，poium 已經在 Web 自動化專案中獲得了很好的應用。

pytest 單元測試架構

在 學習了 unittest 單元測試架構之後，還有必要學習 pytest 嗎？答案是一定的。pytest 是一個協力廠商單元測試架構，更加簡單、靈活，而且提供了更加豐富的擴充，彌補 unittest 在做 Web 自動化測試時的一些不足。

9.1 pytest 簡單實例

pytest 官方網站：https://docs.pytest.org/en/latest/。

pytest 支援 pip 安裝。

```
> pip install pytest
```

透過 pytest 撰寫一個簡單的測試使用案例，建立 test_sample.py 檔案。

```
def inc(x):
    return x + 1


def test_answer():
    assert inc(3) == 5
```

這是官方列出的一個實例。inc() 函數接收一個參數 x，傳回 x+1。test_
answer() 為測試使用案例，呼叫 inc() 方法並傳參數為 3，使用 assert 斷言
傳回結果是否為 5。

接下來執行測試，切換到 test_sample.py 檔案所在目錄，執行 "pytest" 指
令。

```
> pytest
================== test session starts ==================
platform win32 -- Python 3.7.1, pytest-4.3.0, py-1.8.0, pluggy-0.9.0
rootdir: D:\git\book-code\pytest_sample\first_demo, inifile:
collected 1 item

test_sample.py F                                        [100%]

====================== FAILURES ======================
_____ test_answer _____

    def test_answer():
>       assert inc(3) == 5
E       assert 4 == 5
E        +  where 4 = inc(3)

test_sample.py:9: AssertionError
================ 1 failed in 0.15 seconds ================
```

"pytest" 指令在安裝 pytest 測試架構時預設產生於 ...\Python37\Scripts\ 目
錄。

透過上面的實例，相信你已經感受到了 pytest 的優點，它更加簡單。首
先，不必像 unittest 一樣必須建立測試類別。其次，使用 assert 斷言也比
使用 unittest 提供的斷言方法更加簡單。

不過，它也有自己的規則，即測試檔案和測試函數必須以 "test" 開頭。這也是在執行 "pytest" 指令時並沒有指定測試檔案也可以執行 test_sample. py 檔案的原因，因為該檔案名稱以 "test" 開頭。

是否可像 unittest 一樣，透過 main() 方法執行測試使用案例呢？當然可以，pytest 同樣提供了 main() 方法。

```python
import pytest

def inc(x):
    return x + 1

def test_answer():
    assert inc(3) == 5

if __name__ == '__main__':
    pytest.main()
```

main() 方法預設執行目前檔案中所有以 "test" 開頭的函數。現在可以直接在 IDE 中執行測試了。

9.2 pytest 的基本使用方法

因為我們已經具備了 unittest 的基礎，對於單元測試架構中的概念也已經了解，所以在學習 pytest 時要輕鬆許多，只需比較它與 unittest 之間的不同即可。

9.2.1 斷言

在 unittest 單元測試架構中提供了豐富的斷言方法，如 assertEqual()、assertIn()、assertTrue()、assertIs() 等。pytest 單元測試架構並沒有提供專門的斷言方法，而是直接使用 Python 的 assert 進行斷言。

建立 test_assert.py 檔案。

```python
# 功能：用於計算 a 與 b 相加的和
def add(a, b):
    return a + b

# 功能：用於判斷質數
def is_prime(n):
    if n <= 1:
        return False
    for i in range(2, n):
        if n % i == 0:
            return False
        return True

# 測試相等
def test_add_1():
    assert add(3, 4) == 7

# 測試不相等
def test_add_2():
    assert add(17, 22) != 50

# 測試大於或等於
def test_add_3():
    assert add(17, 22) <= 50

# 測試小於或等於
def test_add_4():
    assert add(17, 22) >= 38

# 測試包含
def test_in():
```

```
    a = "hello"
    b = "he"
    assert b in a

# 測試不包含
def test_not_in():
    a = "hello"
    b = "hi"
    assert b not in a

# 判斷是否為 True
def test_true_1():
    assert is_prime(13)

# 判斷是否為 True
def test_true_2():
    assert is_prime(7) is True

# 判斷是否不為 True
def test_true_3():
    assert not is_prime(4)

# 判斷是否不為 True
def test_true_4():
    assert is_prime(6) is not True

# 判斷是否為 False
def test_false_1():
    assert is_prime(8) is False
```

上面的實例展示了 pytest 斷言的用法，借助 Python 的運算子號和關鍵字即可輕鬆實現不同資料型態的斷言。

9.2.2 Fixture

Fixture 通常用來對測試方法、測試函數、測試類別,和整個測試檔案進行初始化或還原測試環境。建立 test_fixtures_01.py 檔案。

```python
# 功能函數
def multiply(a, b):
    return a * b


# =====Fixture========
def setup_module(module):
    print("setup_module===============>")


def teardown_module(module):
    print("teardown_module============>")


def setup_function(function):
    print("setup_function------>")


def teardown_function(function):
    print("teardown_function--->")


def setup():
    print("setup----->")


def teardown():
    print("teardown-->")


# ===== 測試使用案例 ========
def test_multiply_3_4():
    print('test_numbers_3_4')
    assert multiply(3, 4) == 12


def test_multiply_a_3():
    print('test_strings_a_3')
    assert multiply('a', 3) == 'aaa'
```

這裡主要用到模組層級別和函數等級的 Fixture。

- setup_module/teardown_module：在目前檔案中，在所有測試使用案例執行之前與之後執行。
- setup_function/teardown_function：在每個測試函數之前與之後執行。
- setup/teardown：在每個測試函數之前與之後執行。這兩個方法同樣可以作用於類別方法。

執行結果如下。

```
> pytest -s test_fixtures_01.py
========================= test session starts =========================
platform win32 -- Python 3.7.1, pytest-4.3.0, py-1.8.0, pluggy-0.9.0
rootdir: D:\git\book-code\pytest_sample\base_used, inifile:
collected 2 items

test_fixtures_01.py
setup_module===============>
setup_function------>
setup----->
test_numbers_3_4
.teardown-->
teardown_function--->
setup_function------>
setup----->
test_strings_a_3
.teardown-->
teardown_function--->
teardown_module=============>

========================= 2 passed in 0.02 seconds =========================
```

pytest 是支援使用測試類別的，同樣必須以 "Test" 開頭，注意字首大寫。

在引用測試類別的情況下，Fixture 的用法如下。建立 test_fixtures_02.py 檔案。

```python
# 功能函數
def multiply(a, b):
    return a * b

class TestMultiply:
    # =====Fixture=========
    @classmethod
    def setup_class(cls):
        print("setup_class=========>")

    @classmethod
    def teardown_class(cls):
        print("teardown_class=========>")

    def setup_method(self, method):
        print("setup_method----->>")

    def teardown_method(self, method):
        print("teardown_method-->>")

    def setup(self):
        print("setup----->")

    def teardown(self):
        print("teardown-->")

    # ===== 測試使用案例 ========
    def test_numbers_5_6(self):
        print('test_numbers_5_6')
        assert multiply(5, 6) == 30

    def test_strings_b_2(self):
```

```
        print('test_strings_b_2')
        assert multiply('b', 2) == 'bb'
```

這裡主要用到類別等級和方法等級的 Fixture。

- setup_class/teardown_class：在目前測試類別的開始與結束時執行。
- setup_method/teardown_method：在每個測試方法開始與結束時執行。
- setup/teardown：在每個測試方法開始與結束時執行，同樣可以作用於測試函數。

執行結果。

```
> pytest -s test_fixtures_02.py
========================= test session starts =========================
platform win32 -- Python 3.7.1, pytest-4.3.0, py-1.8.0, pluggy-0.9.0
rootdir: D:\git\book-code\pytest_sample\base_used, inifile:
collected 2 items

test_fixtures_02.py
setup_class=========>
setup_method----->>
setup----->
test_numbers_5_6
.teardown-->
teardown_method-->>
setup_method----->>
setup----->
test_strings_b_2
.teardown-->
teardown_method-->>>
teardown_class=========>


======================= 2 passed in 0.03 seconds =======================
```

9.2.3 參數化

當一組測試使用案例有固定的測試資料時，就可以透過參數化的方式簡化測試使用案例的撰寫。pytest 本身是支援參數化的，不需要額外安裝外掛程式。建立 test_parameterize.py 檔案。

```python
import pytest
import math


# pytest 參數化
@pytest.mark.parametrize(
    "base, exponent, expected",
    [(2, 2, 4),
     (2, 3, 8),
     (1, 9, 1),
     (0, 9, 0)],
     ids=["case1", "case2", "case3", "case4"]
    )
def test_pow(base, exponent, expected):
    assert math.pow(base, exponent) == expected
```

用法與 unittest 的參數化外掛程式類似，透過 pytest.mark.parametrize() 方法設定參數。

"base,exponent,expected" 用來定義參數的名稱。透過陣列定義參數時，每一個元組都是一筆測試使用案例使用的測試資料。ids 參數預設為 None，用於定義測試使用案例的名稱。

math 模組的 pow() 方法用於計算 x^y（x 的 y 次方）的值。

執行結果如下。

```
> pytest -v test_parameterized.py
========================= test session starts =========================
```

```
platform win32 -- Python 3.7.1, pytest-4.3.0, py-1.8.0, pluggy-0.9.0 --
c:\python37\python37.exe
cachedir: .pytest_cache
rootdir: D:\git\book-code\pytest_sample\base_used, inifile:
collected 4 items


test_parameterize.py::test_pow[case1] PASSED                      [ 25%]
test_parameterize.py::test_pow[case2] PASSED                      [ 50%]
test_parameterize.py::test_pow[case3] PASSED                      [ 75%]
test_parameterize.py::test_pow[case4] PASSED                      [100%]


===================== 4 passed in 0.14 seconds =======================
```

"-v" 參數增加測試使用案例冗長。不設定 ids 參數的結果如下。

```
test_parameterize.py::test_pow[2-2-4] PASSED                      [ 25%]
test_parameterize.py::test_pow[2-3-8] PASSED                      [ 50%]
test_parameterize.py::test_pow[1-9-1] PASSED                      [ 75%]
test_parameterize.py::test_pow[0-9-0] PASSED                      [100%]
```

9.2.4 執行測試

pytest 提供了豐富的參數執行測試使用案例,在前面的實例中已經使用到一些參數,例如,"-s" 參數用於關閉捕捉,進一步輸出列印資訊;"-v" 參數用於增加測試使用案例冗長。

透過 "pytest --help" 可以檢視幫助。

```
> pytest--help
```

pytest 提供的參數比較多,下面只介紹常用的參數。

1 執行名稱中包含某字串的測試使用案例

```
> pytest -k add test_assert.py
========================= test session starts =========================
platform win32 -- Python 3.7.1, pytest-4.3.0, py-1.8.0, pluggy-0.9.0
rootdir: D:\git\book-code\pytest_sample\base_used, inifile:
collected 11 items / 7 deselected / 4 selected

test_assert.py ...                                        [100%]

================ 4 passed, 7 deselected in 0.12 seconds ================
```

在 9.2.1 節的 test_assert.py 檔案中，我們寫了很多測試使用案例，其中有 4 條是關於 add() 功能的，並且在測試使用案例的名稱上包含了 "add" 字串，因此這裡可以透過 "-k" 來指定在名稱中包含 "add" 的測試使用案例。

2 減少測試的執行冗長

```
> pytest -q test_assert.py
....                                                      [100%]
11 passed in 0.03 seconds
```

這一次執行記錄檔少了很多資訊，"-q" 用來減少測試執行的冗長；也可以使用 "--quiet" 代替。

3 如果出現一條測試使用案例失敗，則退出測試

```
> pytest -x test_fail.py
========================= test session starts =========================
platform win32 -- Python 3.7.1, pytest-4.3.0, py-1.8.0, pluggy-0.9.0
rootdir: D:\git\book-code\pytest_sample\base_used, inifile:
collected 2 items

test_fail.py F
```

```
=========================== FAILURES ===============================
_____ test_fail _____

    def test_fail():
>       assert (2 + 1) == 4
E       assert (2 + 1) == 4

test_fail.py:5: AssertionError
====================== 1 failed in 0.16 seconds ====================
```

這在測試使用案例的偵錯階段是有用的，當出現一條失敗的測試使用案例時，應該先透過偵錯讓這條測試使用案例執行通過，而非繼續執行後面的測試使用案例。

4 執行測試目錄

```
> pytest ./test_dir
========================= test session starts ========================
platform win32 -- Python 3.7.1, pytest-4.3.0, py-1.8.0, pluggy-0.9.0
rootdir: D:\git\book-code\pytest_sample, inifile:
collected 2 items

test_dir\test_file_01.py .                                   [ 50%]
test_dir\test_file_02.py .                                   [100%]


====================== 2 passed in 0.15 seconds ====================
```

測試目錄既可以指定相對路徑（如 ./test_dir），也可以指定絕對路徑（如 D:\pytest_sample\test_dir）。

5 指定特定類別或方法執行

```
> pytest test_fixtures_02.py::TestMultiply::test_numbers_5_6
========================= test session starts =========================
platform win32 -- Python 3.7.1, pytest-4.3.0, py-1.8.0, pluggy-0.9.0
rootdir: D:\git\book-code\pytest_sample\base_used, inifile:
collected 1 item

test_fixtures_02.py .                                              [100%]


======================= 1 passed in 0.05 seconds =======================
```

這裡指定執行 test_fixtures_02.py 檔案中 TestMultiply 類別下的 test_numbers_5_6() 方法，檔案名稱、類別名稱和方法名稱之間用 "::" 符號分隔。

6 透過 main() 方法執行測試

```
import pytest


if __name__ == '__main__':
pytest.main(['-s', './test_dir'])
```

建立 run_tests.py 檔案，在檔案中透過陣列指定參數，每個參數為陣列中的一個元素。

9.2.5 產生測試報告

pytest 支援產生多種格式的測試報告。

1 產生 JUnit XML 檔案

```
> pytest ./test_dir  --junit-xml=./report/log.xml
```

XML 型態的記錄檔主要用於儲存測試結果，方便我們利用裡面的資料訂製自己的測試報告。XML 格式的測試報告如圖 9-1 所示。

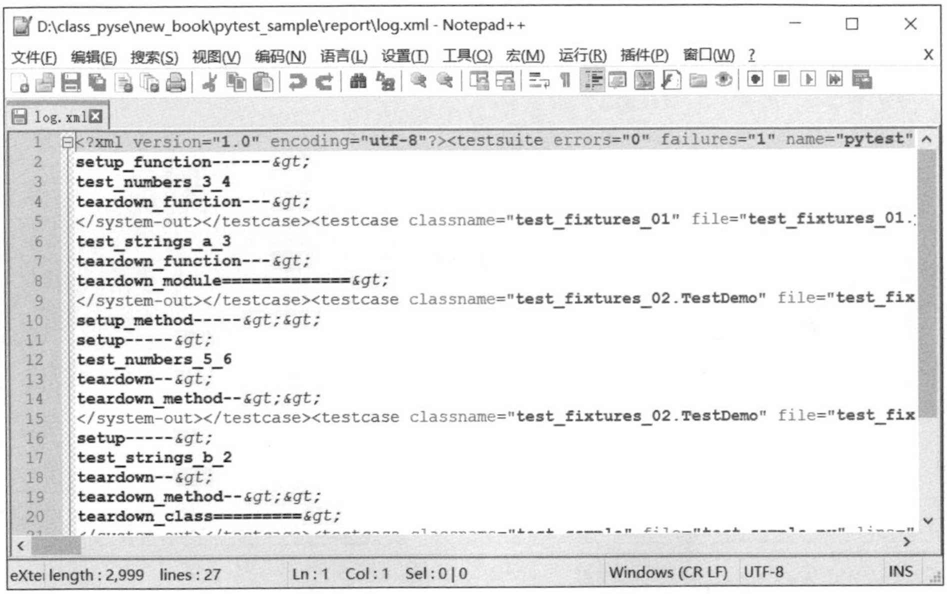

圖 9-1　XML 格式的測試報告

2 產生線上測試報告

```
> pytest ./test_dir --pastebin=all
========================= test session starts =========================
platform win32 -- Python 3.7.1, pytest-4.3.0, py-1.8.0, pluggy-0.9.0 --
c:\python37\python37.exe
rootdir: D:\git\book-code\pytest_sample, inifile:
collected 2 items

test_dir\test_file_01.py .                                    [ 50%]
test_dir\test_file_02.py .                                    [100%]


======================= 2 passed in 0.03 seconds =======================
================= Sending information to Paste Service =================
pastebin session-log: https://bpaste.net/show/61aabfff6cfd
```

上述程式可產生一個 session-log 連結，複製連結，透過瀏覽器開啟，會
獲得一張 HTML 格式的測試報告，如圖 9-2 所示。

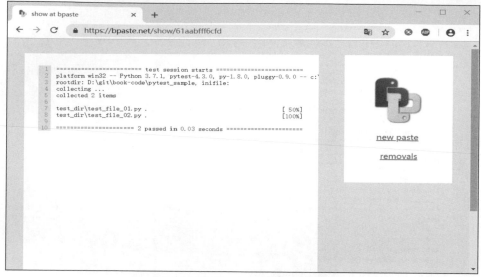

圖 9-2 HTML 格式的測試報告

9.2.6 conftest.py

conftest.py 是 pytest 特有的本機測試設定檔，既可以用來設定專案等級的
Fixture，也可以用來匯入外部外掛程式，還可以用來指定鉤子函數。

建立 test_project/conftest.py 測試設定檔。

```python
import pytest

# 設定測試鉤子
@pytest.fixture()
def test_url():
    return "http://www.baidu.com"
```

建立 test_project/test_sub.py 測試使用案例檔案。

```
def test_baidu(test_url):
    print(test_url)
```

這裡建立的函數可以直接呼叫 conftest.py 檔案中的 test_url() 鉤子函數，
測試結果如下。

```
> pytest -s -v test_project\
=========================== test session starts ===========================
platform win32 -- Python 3.7.1, pytest-4.3.0, py-1.8.0, pluggy-0.9.0 --
c:\python37\python37.exe
cachedir: .pytest_cache
rootdir: D:\git\book-code\pytest_sample, inifile:
collected 1 item


test_project/test_web.py::test_baidu http://www.baidu.com
PASSED


=========================== 1 passed in 0.02 seconds ===========================
```

需要說明的是，conftest.py 只作用於它所在的目錄及子目錄。

9.3 pytest 擴充

Pytest 可以擴充非常多的外掛程式來實現各種功能，這裡介紹幾個對做
Web 自動化測試非常有用的外掛程式。

9.3.1 pytest-html

pytest-html 可以產生 HTML 格式的測試報告。首先，透過 pip 指令安裝
pytest-html 擴充。

```
> pip install pytest-html
```

其次，執行測試使用案例，並產生測試報告。

```
> pytest ./ --html=./report/result.html
```

最後，在 report 目錄下開啟 result.html，pytest-html 測試報告如圖 9-3 所示。

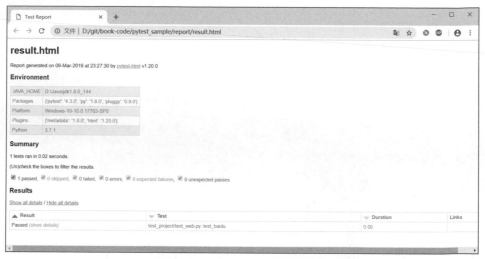

圖 9-3　pytest-html 測試報告

pyest-html 還支援測試使用案例失敗的畫面，這對 Web 自動化測試來說非常有用，在 9.4 節詳細介紹。

9.3.2　pytest-rerunfailures

pytest-rerunfailures 可以在測試使用案例失敗時進行重試。

```
> pip install pytest-rerunfailures
```

建立 test_ rerunfailures.py。

```
def test_fail_rerun():
    assert 2 + 2 == 5
```

透過 "--reruns" 參數設定測試使用案例執行失敗後的重試次數。

```
> pytest -v test_rerunfailures.py --reruns 3
=========================== test session starts ===========================
platform win32 -- Python 3.7.1, pytest-4.3.0, py-1.8.0, pluggy-0.9.0 --
c:\python37\python37.exe
cachedir: .pytest_cache
metadata: {'Python': '3.7.1', 'Platform': 'Windows-10-10.0.17763-SP0',
'Packages': {'pytest': '4.3.0', 'py': '1.8.0', 'pluggy': '0.9.0'},
'Plugins': {'rerunfailures': '6.0', 'metadata': '1.8.0', 'html': '1.20.0'},
'JAVA_HOME': 'D:\\Java\\jdk1.8.0_144'}
rootdir: D:\git\book-code\pytest_sample, inifile:
plugins: rerunfailures-6.0, metadata-1.8.0, html-1.20.0
collected 1 item

test_rerunfailures.py::test_fail_rerun RERUN                    [100%]
test_rerunfailures.py::test_fail_rerun RERUN                    [100%]
test_rerunfailures.py::test_fail_rerun RERUN                    [100%]
test_rerunfailures.py::test_fail_rerun FAILED                   [100%]


================================ FAILURES ================================
_____ test_fail_rerun _____

    def test_fail_rerun():
>       assert 2 + 2 == 5
E       assert 4 == 5
E         -4
E         +5

test_rerunfailures.py:3: AssertionError
================== 1 failed, 3 rerun in 0.10 seconds ==================
```

從執行結果可以看到，在測試使用案例執行失敗後進行了 3 次重試。因為 Web 自動化測試會因為網路等因素導致測試使用案例執行失敗，而重試機制可以增加測試使用案例的穩定性。

9.3.3 pytest-parallel 擴充

pytest-parallel 擴充可以實現測試使用案例的平行執行。

```
> pip install pytest-parallel
```

建立 test_ parallel.py，在每條測試使用案例中分別設定 sleep() 來模擬執行時間較長的測試使用案例。

```
from time import sleep

def test_01():
    sleep(3)

def test_02():
    sleep(5)

def test_03():
    sleep(6)
```

不使用執行緒執行測試使用案例。

```
> pytest -q test_parallel.py
...                                                      [100%]
3 passed in 14.05 seconds
```

參數 "--tests-per-worker" 用來指定執行緒數，"auto" 表示自動分配。

```
pytest -q test_parallel.py --tests-per-worker auto
pytest-parallel: 1 worker (process), 3 tests per worker (threads)
```

```
...                                                          [100%]
3 passed in 6.02 seconds
```

執行時間由 14.05s 被縮短到 6.02s，因為執行時間最長的測試使用案例為
6s。

pytest-parallel 的更多用法如下所示。

```
# runs 2 workers with 1 test per worker at a time
> pytest --workers 2

# runs 4 workers (assuming a quad-core machine) with 1 test per worker
> pytest --workers auto

# runs 1 worker with 4 tests at a time
> pytest --tests-per-worker 4

# runs 1 worker with up to 50 tests at a time
> pytest --tests-per-worker auto

# runs 2 workers with up to 50 tests per worker
> pytest --workers 2 --tests-per-worker auto
```

雖然平行執行測試可以非常有效地縮短測試的執行時間，但是 Web 自動
化測試本身非常脆弱，在平行執行測試時很可能會產生相互干擾，進一
步導致測試使用案例失敗，因此建議謹慎使用。

9.4　建構 Web 自動化測試專案

相比 unittest 單元測試架構，pytest 更適合用來做 UI 自動化測試，它提供
了以下功能。

（1）在 unittest 中，瀏覽器的啟動或關閉只能基於測試方法或測試類別；pytest 可以透過 conftest.py 檔案設定全域瀏覽器的啟動或關閉，整個自動化測試專案的執行只需啟動或關閉一次瀏覽器即可，將會大幅節省測試使用案例即時執行間。

（2）測試使用案例執行失敗畫面。unittest 本身是不支援該功能的，pytest-html 可以實現測試使用案例執行失敗自動畫面，只需在 conftest.py 中做對應的設定即可。

（3）測試使用案例執行失敗重跑。UI 自動化測試的穩定性一直是難題，雖然可以透過元素等待來增加穩定性，但有很多不可控的因素（如網路不穩定）會導致測試使用案例執行失敗，pytest-rerunfailures 可以輕鬆實現測試使用案例執行失敗重跑。

9.4.1　專案結構介紹

pyautoTest 專案是對以 pytest 進行 UI 自動化測試實作為基礎的歸納，在該專案的基礎上，可以快速撰寫自己的自動化測試使用案例。

GitHub 位址：https://github.com/defnngj/pyautoTest。

1 pyautoTest 專案結構

如圖 9-4 所示。

- page/：用於儲存 page 層的封裝。
- test_dir/：測試使用案例目錄。
- test_report/：測試報告目錄。
- conftest.py：pytest 設定檔。
- run_tests.py：測試執行檔案。

圖 9-4 pyautoTest 專案結構

2 命名與設計標準

（1）對於 page 層的封裝儲存於 page/ 目錄，命名標準為 "xxx_page.py"。

（2）對於測試使用案例的撰寫儲存於 test_dir/ 目錄，命名標準為 "test_xxx.py"。

（3）每一個功能點對應一個測試類別，並且以 "Test" 開頭，如 "TestLogin"、"TestSearch" 等。

（4）在一個測試類別下撰寫功能點的所有的測試使用案例，如 "test_login_user_null"、"test_login_pawd_null" 及 "test_login_success" 等。

3 複製與安裝依賴

（1）安裝 Git 版本控制工具，將 pyautoTest 專案複製到本機。

```
> git clone https://github.com/defnngj/pyautoTest
```

（2）透過 pip 指令安裝依賴。

```
> pip install -r requirements.txt
```

4 依賴函數庫說明

- selenium：Web UI 自動化測試。
- pytest：Python 協力廠商單元測試架構。
- pytest-html：pytest 擴充，產生 HTML 格式的測試報告。
- pytest-rerunfailures：pytest 擴充，實現測試使用案例執行失敗重跑。
- click：命令列工具開發函數庫。
- poium：以 Selenium/appium 為基礎的 Page Object 測試函數庫。

9.4.2　主要程式實現

首先，封裝頁面 Page 層，建立 page/baidu_page.py 檔案。

```
from page_objects import Page, PageElement, PageElements


class BaiduPage(Page):
    search_input = PageElement(id_="kw", describe=" 搜索框 ")
    search_button = PageElement(id_="su", describe=" 搜索按鈕 ")
    settings = PageElement(link_text=" 設定 ", describe=" 設定下拉清單 ")
    search_setting = PageElement(css=".setpref", describe=" 搜索設定選項 ")
    save_setting = PageElement(css=".prefpanelgo", describe=" 儲存設定 ")

    # 定位一組元素
    search_result = PageElements(xpath="//div/h3/a", describe=" 搜索結果 ")
```

在第 8 章詳細介紹了 poium 測試函數庫的使用方法，以該測試函數庫可以非常簡單地封裝頁面 Page 層為基礎的元素。

其次，撰寫測試使用案例，建立 test_dir/test_baidu.py 檔案。

```
import sys
from time import sleep
from os.path import dirname, abspath
```

```
sys.path.insert(0, dirname(dirname(abspath(__file__))))
from page.baidu_page import BaiduPage


class TestSearch:
    """百度搜索 """


    def test_baidu_search_case(self, browser, base_url):
        """ 百度搜索：pytest """
        page = BaiduPage(browser)
        page.get(base_url)
        page.search_input = "pytest"
        page.search_button.click()
        sleep(2)
        assert browser.title == "pytest_ 百度搜索 "
```

建立測試 test_baidu_search() 函數，接收 browser 和 base_url 鉤子函數。
這兩個函數需要在 conftest.py 檔案中定義。接下來，建立測試方法呼叫
BaiduPage 類別，傳入 browser 驅動，呼叫 BaiduPage 類別和父類別所實
現的方法及定義來完成對應的操作。

在測試使用案例中，可以將注意力集中在測試使用案例設計本身的操作
上，而不需要關心瀏覽器驅動、存取的 URL 以及測試使用案例執行失敗
畫面，因為這些都已經在 conftest.py 檔案中設定好了。

1 conftest.py 檔案之自動化設定

```
...
###########################

# 設定瀏覽器驅動型態 (Chrome/Firefox)
driver = "chrome"

# 設定執行的 URL
```

```
url = "https://www.baidu.com"

# 設定失敗重跑次數
rerun = "3"

# 執行測試使用案例的目錄或檔案
cases_path = "./test_dir/"


###############################

...
```

在不熟悉整個專案設定之前，需要關心以上幾個設定，在程式中已經分別加了註釋，這裡不再説明。

2 conftest.py 檔案之瀏覽器設定

```
# 設定瀏覽器驅動型態
driver_type = "chrome"
...


# 啟動瀏覽器
@pytest.fixture(scope='session', autouse=True)
def browser():
    """
    定義全域瀏覽器驅動
    :return:
    """
    global driver
    global driver_type

    if driver_type == "chrome":
        # 本機 Chrome 瀏覽器
```

```
    driver = webdriver.Chrome()
    driver.set_window_size(1920, 1080)

elif driver_type == "firefox":
    # 本機 Firefox 瀏覽器
    driver = webdriver.Firefox()
    driver.set_window_size(1920, 1080)

elif driver_type == "chrome-headless":
    # chrome headless 模式
    chrome_options = CH_Options()
    chrome_options.add_argument("--headless")
    chrome_options.add_argument('--disable-gpu')
    chrome_options.add_argument("--window-size=1920x1080")
    driver = webdriver.Chrome(chrome_options=chrome_options)

elif driver_type == "firefox-headless":
    # firefox headless 模式
    firefox_options = FF_Options()
    firefox_options.headless = True
    driver = webdriver.Firefox(firefox_options=firefox_options)

elif driver_type == "grid":
    # 透過遠端節點執行
    driver = Remote(command_executor='http://10.2.16.182:4444/wd/hub',
                    desired_capabilities={
                            "browserName": "chrome",
                    })
    driver.set_window_size(1920, 1080)

else:
    raise NameError("driver 驅動型態定義錯誤！")
```

```
    return driver

# 關閉瀏覽器
@pytest.fixture(scope="session", autouse=True)
def browser_close():
    yield driver
    driver.quit()
    print("test end!")
```

Selenium 在啟動瀏覽器時會建立一個 session，當透過 @pytest.fixture() 裝
飾瀏覽器開啟和關閉函數時，scope 參數需要設定為 "session"。browser()
函數用於定義瀏覽器，根據全域變數 driver_type 的定義建立不同的瀏覽
器驅動。browser_close() 函數用於實現瀏覽器的關閉。

3 conftest.py 檔案失敗畫面設定

```
...

@pytest.mark.hookwrapper
def pytest_runtest_makereport(item):
    """
    用於在測試使用案例中增加開始時間、內部註釋和失敗畫面等
    :param item:
    """
    pytest_html = item.config.pluginmanager.getplugin('html')
    outcome = yield
    report = outcome.get_result()
    report.description = str(item.function.__doc__)
    extra = getattr(report, 'extra', [])
    if report.when == 'call' or report.when == "setup":
        xfail = hasattr(report, 'wasxfail')
        if (report.skipped and xfail) or (report.failed and not xfail):
            case_path = report.nodeid.replace("::", "_") + ".png"
```

```
            if "[" in case_path:
                case_name = case_path.split("-")[0] + "].png"
            else:
                case_name = case_path
            capture_screenshot(case_name)
            img_path = "image/" + case_name.split("/")[-1]
            if img_path:
                html = '<div><img src="%s" alt="screenshot" style=
                        "width:304px;height:228px;" ' \
                        'onclick="window.open(this.src)" align="right"/>
                        </div>' % img_path
                extra.append(pytest_html.extras.html(html))
        report.extra = extra


def capture_screenshot(case_name):
    """
    設定測試使用案例失敗畫面路徑
    :param case_name: 使用案例名
    :return:
    """
    global driver
    file_name = case_name.split("/")[-1]
    new_report_dir = new_report_time()
    if new_report_dir is None:
        raise RuntimeError(' 沒有初始化測試目錄 ')
    image_dir = os.path.join(REPORT_DIR, new_report_dir, "image", file_name)
    driver.save_screenshot(image_dir)

...
```

這裡的設定會複雜一些，核心參考 pytest-html 文件。pytest_runtest_
makereport() 鉤子函數的主要功能是判斷每條測試使用案例的執行情況，
當測試使用案例錯誤或失敗後會呼叫 capture_screenshot() 函數進行畫

面,並將測試使用案例的「檔案名稱 + 類別名稱 + 方法名稱」作為畫面的名稱,儲存於 image/ 目錄中。

pytest-html 會產生一張 HTML 格式的測試報告,那麼如何將畫面插入 HTML 格式的測試報告中呢?核心就是增加 <img> 標籤,並透過 src 屬性指定圖片的路徑。明白這一點後,測試使用案例失敗自動畫面就很好了解了。

9.4.3 測試使用案例的執行與測試報告

在整個專案中還有一個關鍵檔案 run_tests.py,它是用來執行整個專案的測試使用案例的。

```
...

@click.command()
@click.option('-m', default=None, help=' 輸入執行模式:run 或 debug.')
def run(m):
    if m is None or m == "run":
        print(" 回歸模式,執行完成,產生測試結果 ")
        now_time = time.strftime("%Y_%m_%d_%H_%M_%S")
        init_env(now_time)
        html_report = os.path.join(REPORT_DIR, now_time, "report.html")
        xml_report = os.path.join(REPORT_DIR, now_time, "junit-xml.xml")
        pytest.main(["-s", "-v", cases_path,
                     "--html=" + html_report,
                     "--junit-xml=" + xml_report,
                     "--self-contained-html",
                     "--reruns", rerun])
    elif m == "debug":
        print("debug 模式執行測試使用案例:")
        pytest.main(["-v", "-s", cases_path])
```

```
        print("執行結束！！")

if __name__ == '__main__':
    run()
```

這裡用到了命令列工具開發函數庫 click。click 提供了兩種執行模式：run 模式和 debug 模式。不同模式下的 pytest 的執行參數不同。檢視幫助如下。

```
> python run_tests.py --help
Usage: run_tests.py [OPTIONS]


Options:
  -m TEXT   輸入執行模式：run 或 debug.
  --help    Show this message and exit.
```

> **注意**：不要試圖在 IDE 中直接執行 run_tests.py 檔案，因為 click 並不允許這麼做。請在 Windows 指令符 /Linux 終端下執行。

執行方式如下。

```
> python run_tests.py -m run
回歸模式，執行完成，產生測試結果
========================== test session starts ==========================
platform win32 -- Python 3.7.1, pytest-4.3.0, py-1.8.0, pluggy-0.9.0 --
C:\Python37\python.exe
cachedir: .pytest_cache
metadata: {'Python': '3.7.1', 'Platform': 'Windows-10-10.0.17134-SP0',
'Packages': {'pytest': '4.3.0', 'py': '1.8.0', 'pluggy': '0.9.0'},
'Plugins': {'rerunfailures': '6.0', 'metadata': '1.8.0', 'html':
'1.20.0'}}
rootdir: D:/git/pyautoTest, inifile:
plugins: rerunfailures-6.0, metadata-1.8.0, html-1.20.0
```

```
collected 5 items

test_dir/test_baidu.py::TestSearch::test_baidu_search_case PASSED
test_dir/test_baidu.py::TestSearch::test_baidu_search[case1] PASSED
test_dir/test_baidu.py::TestSearch::test_baidu_search[case2] PASSED
test_dir/test_baidu.py::TestSearch::test_baidu_search[case3] PASSED
test_dir/test_baidu.py::TestSearchSettings::test_baidu_search_setting
test end!
PASSED


 generated xml file: D:\git\pyautoTest\test_report\2018_12_27_23_44_56\
junit-xml.xml
--- generated html file: D:\git\pyautoTest\test_report\report.html -----
======================= 5 passed in 22.23 seconds =========================
```

產生的 HTML 測試報告在 test_report 目錄下，test_report 目錄如圖 9-5 所示。當測試使用案例執行失敗時自動畫面，並顯示在 HTML 測試報告中，HTML 測試報告如圖 9-6 所示。

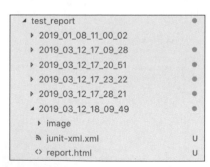

圖 9-5　test_report 目錄

圖 9-6　HTML 測試報告

Selenium Grid

本章介紹 Selenium 家族的另外一位成員──Selenium Grid。它主要用於自動化測試的分散式執行。

10.1 Selenium Grid 介紹

Selenium Grid（以下簡稱 Grid）分為兩個版本：Grid1 和 Grid2，它的兩個版本並非完全對應於 Selenium 1 與 Selenium2，因為 Grid2 的出現要晚於 Selenium 2 的發佈。Grid 的兩個版本的原理和基本工作方式完全相同，但是 Grid2 同時支援 Selenium 1 和 Selenium 2，並且在一些小的功能和便利性上進行最佳化，例如指定了測試平台的方式等。

Grid2 不再提供單獨的 jar 套件，其功能已經整合到 Selenium Server 中，所以，想要使用 Grid2，就需要下載和執行 Selenium Server。

10.1.1 Selenium Server 環境設定

下載、設定和執行 Selenium Server。

1 下載 Selenium Server

下載網址：http://www.seleniumhq.org/download/。

透過瀏覽器開啟頁面，找到 Selenium Standalone Server 的介紹部分，點擊版本編號連結進行下載，獲得 selenium-server-standalone-xxx.jar 檔案。由於 jar 套件是用 Java 語言開發的，所以需要在 Java 環境下才能執行。

2 設定 Java 環境

Java 下載網址：http://www.oracle.com/technetwork/java/javase/downloads/index.html。

> 知識延伸：Java 環 境 分 為 JDK 和 JRE 兩 種。JDK 的 全 稱 為 Java Development Kit，是針對開發人員使用的 SDK，它提供了 Java 的開發環境和執行環境。JRE 的全稱為 Java Runtime Environment，是 Java 的執行環境，主要針對 Java 程式的使用者，而非開發者。

根據作業系統環境選擇對應的版本進行下載即可，本書以在 Windows10 下安裝 JDK 為例介紹。

雙擊下載的 JDK 啟動安裝程式，設定安裝路徑，這裡選擇安裝到 D:\Java\jdk-10.0.2\ 目錄下。

安裝完成後，設定環境變數，按右鍵「此電腦」，在右鍵選單中點擊「屬性」→「進階系統設定」→「進階」→「環境變數」→「系統變數」，點擊「新增（W）...」按鈕，增加名為 JAVA_HOME 和 CLASS_PATH 的環境變數。

變數名稱：JAVA_HOME
變數值：D:\Java\jdk-10.0.2

變數名稱：CALSS_PATH

變數值：.;%JAVA_HOME%\lib\dt.jar;%JAVA_HOME%\lib\tools.jar;

找到 "path" 變數名稱，點擊「編輯」按鈕，追加設定。

變數名稱：Path

變數值：%JAVA_HOME%\bin;%JAVA_HOME%\jre\bin;

在 Windows 命令提示字元下檢視 Java 版本。

```
> java -version
java version "10.0.2" 2018-07-17
Java(TM) SE Runtime Environment 18.3 (build 10.0.2+13)
Java HotSpot(TM) 64-Bit Server VM 18.3 (build 10.0.2+13, mixed mode)
```

還可以進一步透過輸入 "java" 和 "javac" 指令驗證。

"java" 指令用於執行 class 位元組碼檔案。

"javac" 指令可以將 Java 原始檔案編譯為 class 檔案。

3 執行 Selenium Server

現在可以透過 "java" 指令執行 Selenium Server 了。切換到 Selenium Server 所在目錄並啟動，在 Windows 命令提示字元（或 Linux 終端）下啟動 Selenium Server。

```
> java -jar selenium-server-standalone-3.141.59.jar
23:54:20.655 INFO [GridLauncherV3.parse] - Selenium server version:
3.141.59, revision: e82be7d358
23:54:20.920 INFO [GridLauncherV3.lambda$buildLaunchers$3] - Launching a
standalone Selenium Server on port 4444
2019-03-1223:54:21.247:INFO::main: Logging initialized @1715ms to org.
seleniumhq.jetty9.util.log.StdErrLog
23:54:22.459 INFO [WebDriverServlet.<init>] - Initialising
```

```
WebDriverServlet
23:54:23.405 INFO [SeleniumServer.boot] - Selenium Server is up and
running on port 4444
```

10.1.2 Selenium Grid 工作原理

當測試使用案例需要驗證的環境比較多時，可以透過 Grid 控制測試使用
案例在不同的環境下執行。Grid 主節點可以根據測試使用案例中指定的
平台設定資訊把測試使用案例轉發給符合條件的代理節點。例如，測試
使用案例中指定了要在 Linux 上用 Firefox 版本進行測試，Grid 會自動比
對註冊資訊為 Linux 且安裝了 Firefox 的代理節點。如果比對成功，則轉
發測試請求；如果比對失敗，則拒絕請求。呼叫的基本結構如圖 10-1 所
示。

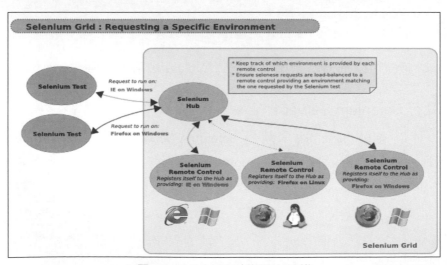

圖 10-1　Grid 呼叫的基本結構

Grid 分散式測試的建立是由一個 Hub（主節點）和許多個 node（代理節
點）組成的。Hub 用來管理各個 node 的註冊和狀態資訊，接收遠端用戶
端程式的請求呼叫，把請求的指令轉發給 node 來執行。使用 Grid 遠端

執行測試程式與直接執行 Selenium 是一樣的，只是環境啟動的方式不一樣，需要同時啟動一個 Hub 和至少一個 node。

```
> java -jar selenium-server-standalone-x.xx.x.jar -role hub
> java -jar selenium-server-standalone-x.xx.x.jar -role node
```

上面的程式分別啟動了一個 Hub 和一個 node，Hub 預設通訊埠編號為 4444，node 預設通訊埠編號為 5555。如果想在同一台主機上啟動多個 node，則需要注意指定不同 node 的通訊埠編號，可以透過下面的方式來啟動多個 node。

```
> java -jar selenium-server-standalone-x.xx.x.jar -role node -port 5555
> java -jar selenium-server-standalone-x.xx.x.jar -role node -port 5556
> java -jar selenium-server-standalone-x.xx.x.jar -role node -port 5557
```

使用 Grid 啟動多個節點如圖 10-2 所示。

圖 10-2 使用 Grid 啟動多個節點

透過瀏覽器存取 Grid 的主控台，位址為 http://127.0.0.1:4444/grid/console。
在主控台檢視啟動的節點資訊，如圖 10-3 所示。

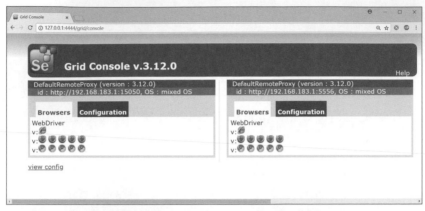

圖 10-3　Grid 主控台

現在啟動的 Hub 與 node 都在同一台主機上，如果想在其他主機上啟動
node，則必須滿足以下要求：

■ 本機 Hub 所在主機與遠端 node 所在主機之間可以用 ping 指令通訊。
■ 遠端主機必須安裝 Java 環境，因為需要執行 Selenium Server。
■ 遠端主機必須安裝測試使用案例需要的瀏覽器及驅動檔案，驅動檔案
　需要設定環境變數。

（1）啟動本機 Hub 所在主機（IP 位址為 172.16.10.66）。

```
> java -jar selenium-server-standalone-x.xx.x.jar -role hub
```

（2）啟動遠端 node 所在主機（IP 位址為 172.16.10.34）。

```
> java -jar selenium-server-standalone-x.xx.x.jar -role node -port 5555
-hub http://172.16.10.66:4444/grid/register
```

設定 node 的通訊埠編號為 5555，"-hub" 參數指定 Hub 所在主機的 IP 位
址為 172.16.10.66。

10.2 Selenium Grid 應用

分析 Selenium 原始程式可以發現，不同瀏覽器的 WebDriver 最後都繼承了 remote 的 WebDriver 類別。

```
...
class WebDriver(object):

    _web_element_cls = WebElement

    def __init__(self, command_executor='http://127.0.0.1:4444/wd/hub',
                 desired_capabilities=None, browser_profile=None,
                 proxy=None, keep_alive=False, file_detector=None,
                 options=None):
    ...
```

該類別透過向遠端伺服器發送指令來控制瀏覽器。在初始化方法中，command_executor 參數用來指定遠端伺服器的 URL 或自訂字串的遠端連接，預設為 http://127.0.0.1:4444 /wd/hub，4444 為 Grid 的預設監聽通訊埠。

10.2.1 Remote 實例

下面透過 Remote 來執行測試使用案例。首先，透過 Windows 命令提示字元（或 Linux 終端）啟動一個 Hub 和一個 node。

```
> java -jar selenium-server-standalone-3.12.0.jar -role hub
> java -jar selenium-server-standalone-3.12.0.jar -role node
```

然後，透過 Remote 下面的 WebDriver 類別（被重新命名為了 Remote 類別）來啟動瀏覽器並執行測試。

```
from selenium import webdriver

driver = webdriver.Remote()
driver.get("http://www.baidu.com")

driver.quit()
```

如果在執行上面的程式時拋出 SessionNotCreatedException 例外，則是因為沒有指定 desired_capabilities 參數，它用於定義執行的瀏覽器、版本、平台等資訊。

在 Selenium 原始程式碼的 ../selenium/webdriver/common/desired_capabilities.py 檔案中，定義了不同瀏覽器的設定。

```
class DesiredCapabilities(object):

    FIREFOX = {
        "browserName": "firefox",
        "marionette": True,
        "acceptInsecureCerts": True,
    }

    INTERNETEXPLORER = {
        "browserName": "internet explorer",
        "version": "",
        "platform": "WINDOWS",
    }

    EDGE = {
        "browserName": "MicrosoftEdge",
        "version": "",
        "platform": "WINDOWS"
    }
```

```
    CHROME = {
        "browserName": "chrome",
        "version": "",
        "platform": "ANY",
    }


    OPERA = {
        "browserName": "opera",
        "version": "",
        "platform": "ANY",
}

...
```

修改測試程式如下。

```
from selenium.webdriver import Remote, DesiredCapabilities


# 參考 Chrome 瀏覽器設定
driver = Remote(desired_capabilities=DesiredCapabilities.CHROME.copy())
driver.get("http://www.baidu.com")
# ......
driver.quit()
```

這裡參考了 DesiredCapabilities 類別中 Chrome 瀏覽器的設定。執行上面的程式即可啟動 Chrome 瀏覽器。

10.2.2 Grid 執行過程

1 啟動 Hub 記錄檔

```
> java -jar selenium-server-standalone-3.12.0.jar -role hub
21:38:37.546 INFO [GridLauncherV3.launch] - Selenium build info: version:
'3.12.0', revision: '7c6e0b3'
```

```
21:38:37.561 INFO [GridLauncherV3$2.launch] - Launching Selenium Grid hub
on port 4444
2018-07-2821:38:37.936:INFO::main: Logging initialized @745ms to org.
seleniumhq.jetty9.util.log.StdErrLog
21:38:38.302 INFO [Hub.start] - Selenium Grid hub is up and running
21:38:38.302 INFO [Hub.start] - Nodes should register to
http://192.168.183.1:4444/grid/register/
21:38:38.302 INFO [Hub.start] - Clients should connect to
http://192.168.183.1:4444/wd/hub
```

Hub 預設會佔用本機的 4444 通訊埠編號，192.168.183.1 為本機的 IP 位
址。

② 啟動 node 記錄檔

```
> java -jar selenium-server-standalone-3.12.0.jar -role node -port 5555
21:46:40.622 INFO [GridLauncherV3.launch] - Selenium build info: version:
'3.12.0', revision: '7c6e0b3'
21:46:40.638 INFO [GridLauncherV3$3.launch] - Launching a Selenium Grid
node on port 5555
2018-07-2821:46:41.116:INFO::main: Logging initialized @855ms to org.
seleniumhq.jetty9.util.log.StdErrLog
21:46:41.256 INFO [SeleniumServer.boot] - Selenium Server is up and
running on port 5555
21:46:41.256 INFO [GridLauncherV3$3.launch] - Selenium Grid node is up
and ready to register to the hub
21:46:41.381 INFO [SelfRegisteringRemote$1.run] - Starting auto
registration thread. Will try to register every 5000 ms.
21:46:41.381 INFO [SelfRegisteringRemote.registerToHub] - Registering the
node to the hub: http://localhost:4444/grid/register
WARNING: An illegal reflective access operation has occurred
WARNING: Illegal reflective access by org.openqa.selenium.json.
BeanToJsonConverter (file:/D:/webdriver/selenium-server-standalone-
```

```
3.12.0.jar) to method sun.reflect.annotation.AnnotatedTypeFactory$Annota
tedTypeBaseImpl.getDeclaredAnnotations()
WARNING: Please consider reporting this to the maintainers of org.openqa.
selenium.json.BeanToJsonConverter
WARNING: Use --illegal-access=warn to enable warnings of further illegal
reflective access operations
WARNING: All illegal access operations will be denied in a future release
21:46:41.748 INFO [SelfRegisteringRemote.registerToHub] - Updating the
node configuration from the hub
21:46:41.779 INFO [SelfRegisteringRemote.registerToHub] - The node is
registered to the hub and ready to use
```

啟動 node，並指定其通訊埠編號為 5555。如果正常啟動，提示 node 已
經註冊到 Hub 上並準備被使用，則同時在 Hub 上會多出一條提示。

```
> java -jar selenium-server-standalone-3.12.0.jar -role hub
......
21:48:04.155 INFO [DefaultGridRegistry.add] - Registered a node
http://192.168.183.1:5555
```

Hub 確認已經註冊了一個本機通訊埠編號為 5555 的 node。

3 執行測試指令稿

```
> java -jar selenium-server-standalone-3.12.0.jar -role hub
...
21:52:36.331 INFO [RequestHandler.process] - Got a request to create a
new session: Capabilities {browserName: chrome, version: }
21:52:36.331 INFO [TestSlot.getNewSession] - Trying to create a
new session on test slot {server:CONFIG_UUID=2e7ece6a-f727-47d3-99ab-
44394fda0503, seleniumProtocol=WebDriver, browserName=chrome,
maxInstances=5, platformName=WIN10, platform=WIN10}
```

Hub 獲得建立 session 請求，瀏覽器為 Chrome，版本未指定。

node 新增記錄檔如下。

```
> java -jar selenium-server-standalone-3.12.0.jar -role node -port 5555
...
21:52:36.492 INFO [ActiveSessionFactory.apply] - Capabilities are:
Capabilities {browserName: chrome, version: }
21:52:36.492 INFO [ActiveSessionFactory.lambda$apply$11] - Matched
factory org.openqa.selenium.remote.server.ServicedSession$Factory
(provider: org.openqa.selenium.chrome.ChromeDriverService)
Starting ChromeDriver 2.37.544315 (730aa6a5fdba159ac9f4c1e8cbc59bf1b5ce1
2b7) on port 26409
Only local connections are allowed.
21:52:39.080 INFO [ProtocolHandshake.createSession] - Detected dialect:
OSS
21:52:39.291 INFO [RemoteSession$Factory.lambda$performHandshake$0]
- Started new session 7006f516b4251576dbcee28d1089594f (org.openqa.
selenium.chrome.ChromeDriverService)
21:52:40.505 INFO [ActiveSessions$1.onStop] - Removing session 7006f516b
4251576dbcee28d1089594f (org.openqa.selenium.chrome.ChromeDriverService)
```

node 給 ChromeDriver 發送請求，由 ChromeDriver 驅動 Chrome 瀏覽器啟動，並產生 session ID（730aa6a5fdba159ac9f4c1e8cbc59bf1b5ce12b7）。在執行 driver.quit() 時，刪除該 session ID。

所以，在使用 Grid 之後，整個自動化的執行過程如圖 10-4 所示。

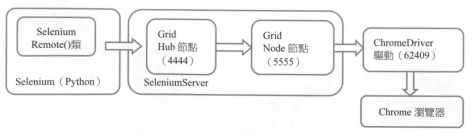

圖 10-4 使用 Grid 之後的整個自動化執行過程

10.2.3 建立遠端節點

透過 Windows 命令提示字元（或在 Linux 終端）啟動一個 Hub。

```
> java -jar selenium-server-standalone-3.13.0.jar -role hub
```

遠端節點以一台 Ubuntu 主機為例，啟動指令如下。

```
> java -jar selenium-server-standalone-3.13.0.jar -role node -hub
http://192.168.183.1:4444/grid/register
```

其中，192.168.183.1 為 Hub 所擁有者機的 IP 位址。

執行以下指令稿。

```
from selenium.webdriver import Remote, DesiredCapabilities

# 參考 Firefox 瀏覽器設定
driver = Remote(command_executor='http://192.168.183.1:4444/wd/hub',
       desired_capabilities=DesiredCapabilities.FIREFOX.copy())
driver.get("http://www.baidu.com")
...
```

command_executor 參數也可以手動指定 Hub。因為 Ubuntu 預設安裝了 Firefox 瀏覽器（需要為對應的瀏覽器驅動檔案設定環境變數），所以在指令稿中指定 Firefox 設定後，Hub 會自動分配滿足條件的 node 來執行測試，執行效果如圖 10-5 所示。

圖 10-5　執行效果

Jenkins 持續整合

最近幾年，持續整合（Continuous Integration，CI）在專案開發中獲得了廣泛的推廣和應用。本章將帶領讀者一起了解持續整合工具 Jenkins 在自動化測試中的應用。

1 什麼是持續整合

軟體整合就是用一種較好的方式，把多種軟體的功能整合到一個軟體裡，或把軟體的各部分組合在一起。如果專案開發的規模較小，且對外部系統的依賴很小，那麼軟體整合不是問題，如一個人的專案。但是隨著軟體專案複雜度的增加，對整合和確保軟體元件能夠在一起工作提出了更高的要求：早整合、常整合。這樣才能幫助專案開發者更早地發現專案風險和品質問題，越到後期發現問題，解決問題的成本越高，進一步有可能導致專案延期或專案失敗。

2 持續整合的定義

敏捷大師 Martin Fowler 對持續整合是這樣定義的：持續整合是一種軟體開發實作，即團隊開發成員經常整合他們的工作，通常每個成員每天至少整合一次，也就表示每天可能會發生多次整合。每次整合都透過自動化建構（包含編譯、發佈、自動化測試）來驗證，進一步儘早地發現整合錯誤。許多團隊發現這個過程可以大幅減少整合的問題，讓團隊能夠更快地開發內聚的軟體。

3 什麼是 Jenkins

提到 Jenkins 就不得不提另一個持續整合工具——Hudson。Hudson 是由 Sun 公司開發的，2010 年 Sun 公司被 Oracle 公司收購，Oracle 公司聲稱對 Hudson 擁有商標所有權。Jenkins 是從 Hudson 中分離出來的一個版本，將繼續走開放原始程式的道路。二者由不同的團隊維護。

Jenkins 是以 Java 開發為基礎的一種持續整合工具，所以，在使用 Jenkins 之前需要設定 Java 環境。關於 Java 環境的設定在第 10 章已有介紹，這裡不再重複。

11.1 下載 Tomcat

Tomcat 是針對 Java 的一個開放原始碼中介軟體伺服器（容器），以 Java 為基礎的 Web 專案可以透過 Tomcat 執行。官方網站為 http://tomcat.apache.org/ ，開啟後官方網站首頁如圖 11-1 所示。

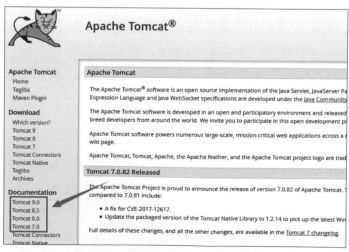

圖 11-1 Tomcat 官方網站首頁

點擊頁面左側的 Tomcat 版本（Tomcat 9.0）進行下載，對下載的壓縮檔進行解壓縮，解壓縮後的目錄結構如圖 11-2 所示。

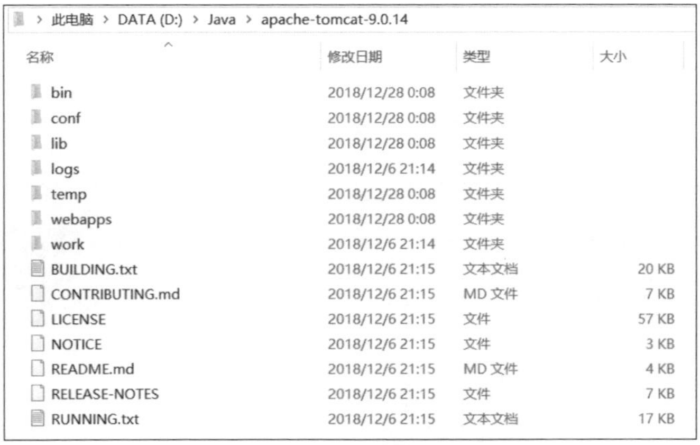

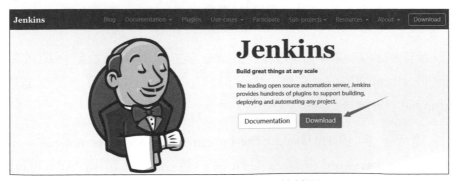

圖 11-2　解壓縮後的目錄結構

通常需要將 Web 專案放到 webapps/ 目錄下。進入 bin/ 目錄，雙擊 startup.bat 檔案，啟動 Tomcat 伺服器，然後 Web 專案就執行起來了。

11.2　下載 Jenkins

Jenkins 官方網站為 https://jenkins.io/，開啟後首頁如圖 11-3 所示。

圖 11-3　Jenkins 官方網站首頁

點擊 "Download" 按鈕進入下載頁面，根據自己的系統下載對應的 Jenkins 版本。這裡以 Windows 系統為例，下載對應的版本，解壓縮之後獲得 jenkins.msi 檔案，雙擊進行安裝。

將其安裝到 Tomcat 的 webapps 目錄下，Jenkins 安裝路徑如圖 11-4 所示。注意：安裝路徑一定要選擇 Tomcat 的 webapps/ 目錄。

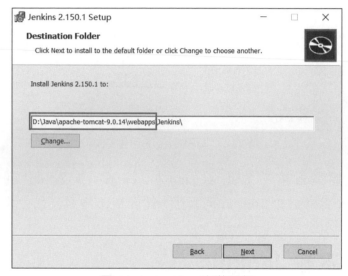

圖 11-4 Jenkins 安裝路徑

11.3 安裝設定 Jenkins

Jenkins 安裝完成後會自動啟動 Tomcat，並透過預設瀏覽器開啟網址 http://localhost: 8080/。當然，也可以到 Tomcat 的 bin/ 目錄下手動啟動 startup.bat，啟動後的介面如圖 11-5 所示。

根 據 提 示， 開 啟 D:\Java\apache-tomcat-9.0.14\webapps\Jenkins\secrets\ initialAdmin Password 檔案檢視密碼。將密碼填寫到 "Administrator password" 輸入框中，點擊 "Continue" 按鈕。

圖 11-5 啟動後的介面

根據提示選擇需要安裝的 Jenkins 外掛程式，如圖 11-6 所示。如果不知道會用到什麼外掛程式，可以按照預設選取。

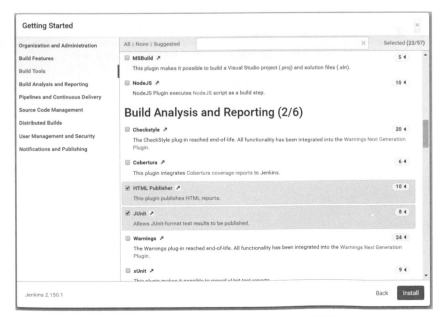

圖 11-6 選擇需要安裝的 Jenkins 外掛程式

點擊 "Install" 按鈕,這裡一般需要等待一段時間。最後建立管理員帳號,
如圖 11-7 所示。

圖 11-7 建立管理員帳號

點擊 "Save and Continue" 按鈕,Jenkins 首頁如圖 11-8 所示。

圖 11-8 Jenkins 首頁

11.4 Jenkins 的基本使用

11.4.1 建立一個建構工作

初次接觸 Jenkins 時會感覺比較神秘，為了儘快熟悉 Jenkins，我們先來建立一個簡單的工作。

首先，點擊 Jenkins 首頁左上角的「New 工作」選項，出現選擇 Jenkins 工作型態介面，如圖 11-9 所示。

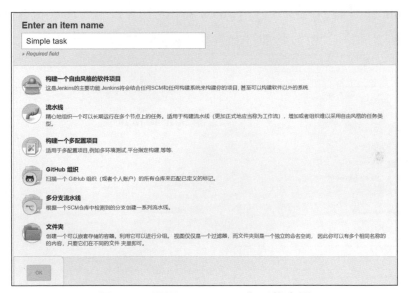

圖 11-9 選擇 Jenkins 工作型態介面

Jenkins 提供了多種型態的工作，這裡選擇「建構一個自由風格的軟體專案」，輸入專案名稱 "Simple task"，點擊 "OK" 按鈕。

跳過前面選項，直接來看 Build（建構）選項，如圖 11-10 所示。點擊 "Add build step" 按鈕，選擇「執行 Window 批次處理指令」選項（因為這裡使用的是 Windows 系統）。

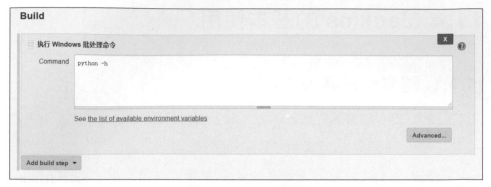

圖 11-10 Build 選項

在 "Command" 輸入框中輸入 "python -h" 指令,該指令用於檢視 Python
說明資訊。點擊 "Save" 按鈕儲存工作,完成第一個工作的建立。Simple
task 首頁如圖 11-11 所示。

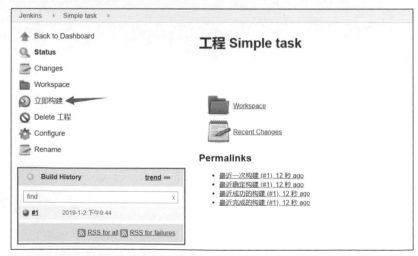

圖 11-11 Simple task 首頁

點擊「立即建構」選項,"Build History" 會顯示一次建構記錄,"#1" 為建構
的版本編號,點擊 "#1" 連結,進入建構版本資訊頁面,如圖 11-12 所示。

圖 11-12　建構版本資訊

點擊 "Console Output" 選項，可建構記錄檔，如圖 11-13 所示。

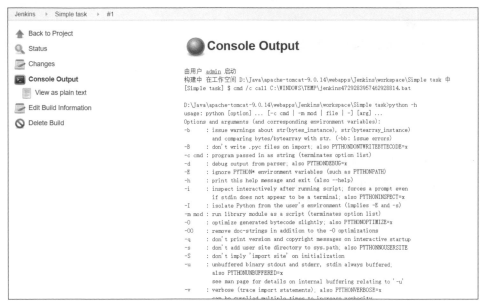

圖 11-13　建構記錄檔

檢視建構記錄檔可以發現，Jenkins 預設的執行目錄為

```
D:\Java\apache-tomcat-9.0.14\webapps\Jenkins\workspace\Simple task
```

這是 Jenkins 在 Tomcat 下面的安裝目錄，建立的所有 Jenkins 工作都在這個目錄中，Simple task 是名稱。"python -h" 指令用於檢視 Python 指令的說明資訊。

11.4.2 執行 Python 測試

接下來建立 test_sample.py 測試檔案,並放到 D 磁碟根目錄。

```
# add() 函數
def add(a, b):
return a + b

# 測試 add() 函數
def test_add():
assert add(2, 4) == 5
```

回到 Simple task 首頁,點擊 "Configure" 選項,重新設定工作,修改建構指令如下。

```
cd D:\
pytest test_sample.py
```

先切換到 D 磁碟根目錄,修改建構指令如圖 11-14 所示,透過 "pytest" 指令執行 "test_sample.py" 測試檔案。

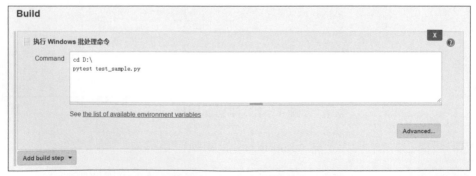

圖 11-14 修改建構指令

重新儲存工作,再次點擊「立即建構」選項,建構記錄檔,如圖 11-15 所示。

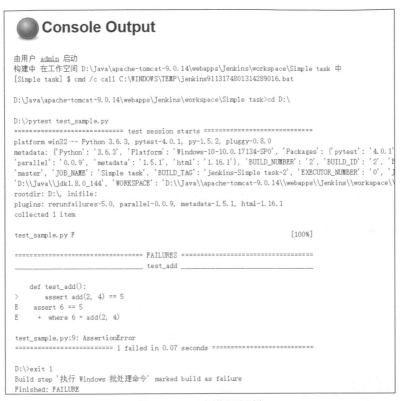

```
● Console Output

由用户 admin 启动
构建中 在工作空间 D:\Java\apache-tomcat-9.0.14\webapps\Jenkins\workspace\Simple task 中
[Simple task] $ cmd /c call C:\WINDOWS\TEMP\jenkins9113174801314289016.bat

D:\Java\apache-tomcat-9.0.14\webapps\Jenkins\workspace\Simple task>cd D:\

D:\>pytest test_sample.py
=========================== test session starts ===========================
platform win32 -- Python 3.6.3, pytest-4.0.1, py-1.5.2, pluggy-0.8.0
metadata: {'Python': '3.6.3', 'Platform': 'Windows-10-10.0.17134-SP0', 'Packages': {'pytest': '4.0.1'
'parallel': '0.0.9', 'metadata': '1.5.1', 'html': '1.16.1'}, 'BUILD_NUMBER': '2', 'BUILD_ID': '2', 'B
'master', 'JOB_NAME': 'Simple task', 'BUILD_TAG': 'jenkins-Simple task-2', 'EXECUTOR_NUMBER': '0', '
'D:\\Java\\jdk1.8.0_144', 'WORKSPACE': 'D:\\Java\\apache-tomcat-9.0.14\\webapps\\Jenkins\\workspace\\
rootdir: D:\, inifile:
plugins: rerunfailures-5.0, parallel-0.0.9, metadata-1.5.1, html-1.16.1
collected 1 item

test_sample.py F                                                  [100%]

================================= FAILURES =================================
_____ test_add _____

    def test_add():
>       assert add(2, 4) == 5
E    assert 6 == 5
E     + where 6 = add(2, 4)

test_sample.py:9: AssertionError
========================= 1 failed in 0.07 seconds =========================

D:\>exit 1
Build step '执行 Windows 批处理命令' marked build as failure
Finished: FAILURE
```

圖 11-15　建構記錄檔

相信上面的一段記錄檔並不陌生，這是用 pytest 執行測試使用案例所產生
的結果，跟直接在 Windows 命令提示字元（cmd）下面執行並無區別。

透過這個實例我們知道，Jenkins 執行建構的基礎是執行一組 Windows 批
次處理 /shell 指令。當然，Jenkins 提供的功能遠不止於此。

11.4.3　安裝外掛程式

在安裝 Jenkins 的過程中，為了縮短 Jenkins 的安裝時間，有些外掛程式
並沒有選取，但後期在使用 Jenkins 的過程中，又需要使用某些外掛程式
的功能，這時就需要安裝外掛程式。

在 Jenkins 首頁，點擊右側的「系統管理」→「外掛程式管理」選項，可以看到外掛程式管理頁面，如圖 11-16 所示。

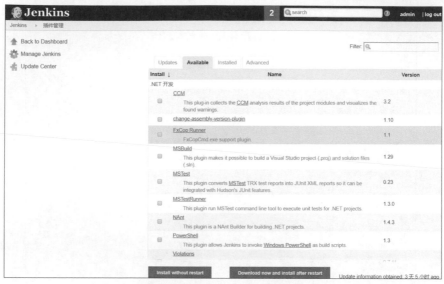

圖 11-16 外掛程式管理頁面

在這裡我們可以安裝、更新或移除外掛程式。

11.5 Selenium 自動化專案設定

以本書 9.4 節的專案（pyautoTest）為例，介紹 UI 自動化測試專案的設定。

11.5.1 設定 Git/GitHub

現在越來越多的專案開始使用 Git 進行程式的版本管理，這裡介紹以 Git/GitHub 為基礎的 Jenkins 設定。

第一步，進入 Jenkins 首頁，點擊「系統管理」→「全域工具設定」選項，找到 Git 選項，如圖 11-17 所示。

圖 11-17　Git 選項

在 "Path to Git executable" 選項中填寫 Git 可執行檔的本機路徑，如 D:\
Program Files\Git\bin\git.exe，點擊 "save" 按鈕儲存設定。

第二步，回到 Simple task 中的設定。

（1）選取「Github 專案」，填寫「專案 URL」（即 GitHub 專案位址），如
圖 11-18 所示。

圖 11-18　填寫「專案位址 URL」

（2）在 "Source Code Management" 中選取 "Git" 選項，如圖 11-19 所示。

圖 11-19　選取 "Git" 選項

- Repository URL：填寫 GitHub 專案位址。
- Branch Specifier (blank for 'any')：設定專案分支，預設為 master 分支。
- Repository browser：原始程式庫瀏覽，預設為 Auto。

（3）在 "Source Code Management" 中選取「輪詢 SCM」選項，透過輪詢的方式檢測 Git 倉庫的更新，並執行建構工作，如圖 11-20 所示。

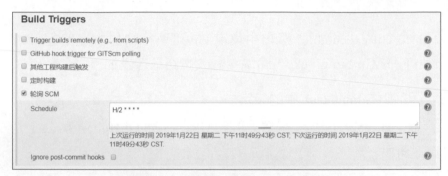

圖 11-20 選取「輪詢 SCM」選項

Schedule：設定輪詢時間。"H/2 * * * *" 表示每兩分鐘檢查一次專案是否有新傳送的程式，如果有，就將新傳送的程式拉取到本機。

儲存之後，即可向 pyautoTest 專案倉庫傳送程式，透過 SCM 輪詢檢查項目更新並拉取程式。

Simple task 首頁會多出一個「Git 輪詢記錄檔」選項，點擊檢視 Git 輪詢記錄檔，如圖 11-21 所示。

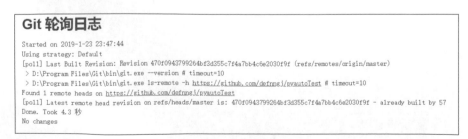

圖 11-21 Git 輪詢記錄檔

11.5.2 設定專案執行

透過前面的設定並執行建構，pyautoTest 專案程式已經拉取到 Jenkins 目錄（…\Jenkins\workspace\Simple task\），pyautoTest 專案程式如圖 11-22 所示。

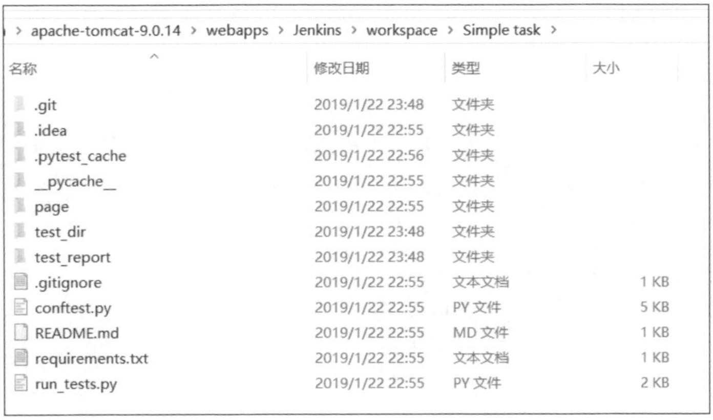
› apache-tomcat-9.0.14 › webapps › Jenkins › workspace › Simple task ›
名称
修改日期
类型
大小
.git 2019/1/22 23:48 文件夹
.idea 2019/1/22 22:55 文件夹
.pytest_cache 2019/1/22 22:56 文件夹
__pycache__ 2019/1/22 22:55 文件夹
page 2019/1/22 22:55 文件夹
test_dir 2019/1/22 23:48 文件夹
test_report 2019/1/22 23:48 文件夹
.gitignore 2019/1/22 22:55 文本文档 1 KB
conftest.py 2019/1/22 22:55 PY 文件 5 KB
README.md 2019/1/22 22:55 MD 文件 1 KB
requirements.txt 2019/1/22 22:55 文本文档 1 KB
run_tests.py 2019/1/22 22:55 PY 文件 2 KB

圖 11-22 pyautoTest 專案程式

開啟 Simple task 首頁，點擊 "Configure" 選項，重新設定工作，修改建構指令如下。

```
python run_tests.py
```

執行 run_tests.py 檔案，將上面的指令增加到「執行 Windows 批次處理指令」中，如圖 11-23 所示。

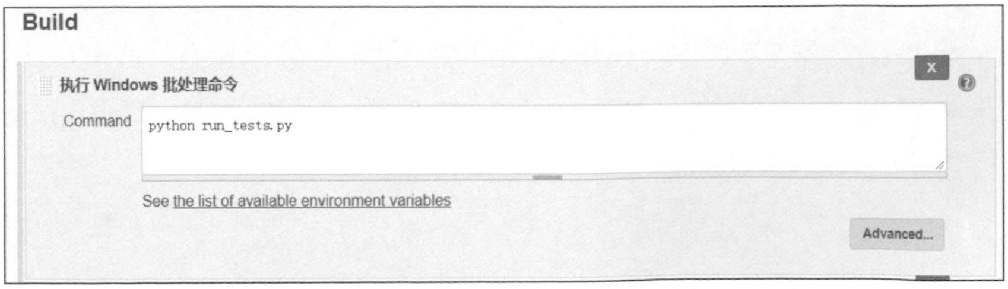
Build
执行 Windows 批处理命令
Command
python run_tests.py
See the list of available environment variables
Advanced...

圖 11-23 將指令增加到「執行 Windows 批次處理指令」中

點擊 "save" 按鈕，儲存工作並重新執行建構，建構記錄檔如下。

```
D:\Java\apache-tomcat-9.0.14\webapps\Jenkins\workspace\Simple task>python
run_tests.py
回歸模式，執行完成產生測試結果
=========================== test session starts ===========================
platform win32 -- Python 3.7.1, pytest-4.3.0, py-1.8.0, pluggy-0.9.0 --
C:\Python37\python.exe
cachedir: .pytest_cache
metadata: {'Python': '3.7.1', 'Platform': 'Windows-10-10.0.17134-SP0',
'Packages': {'pytest': '4.3.0', 'py': '1.8.0', 'pluggy': '0.9.0'},
'Plugins': {'rerunfailures': '6.0', 'metadata': '1.8.0', 'html':
'1.20.0'}}
rootdir: D:\git\pyautoTest, inifile:
plugins: rerunfailures-5.0, parallel-0.0.9, metadata-1.5.1, html-1.16.1
collecting ... collected 5 items

test_dir/test_baidu.py::TestSearch::test_baidu_search_case PASSED
test_dir/test_baidu.py::TestSearch::test_baidu_search[case1] PASSED
test_dir/test_baidu.py::TestSearch::test_baidu_search[case2] PASSED
test_dir/test_baidu.py::TestSearch::test_baidu_search[case3] PASSED
...
```

透過建構記錄檔可以看到，自動化專案已經透過 Jenkins 被執行了。

11.5.3 設定 HTML 報告

在 pyautoTest 專案中，透過 pytest-html 外掛程式可以產生 HTML 報告，
接下來，在 Jenkins 中設定 HTML 報告的檢視，再次點擊 "Configure" 選
項進行設定。

找到 "Build" 選項，點擊 "Add build setup" 按鈕，選取 "Execute system Groovy script" 選項，在 "Groovy script" 中增加：

```
System.setProperty("hudson.model.DirectoryBrowserSupport.CSP", "")
```

如圖 11-24 所示。

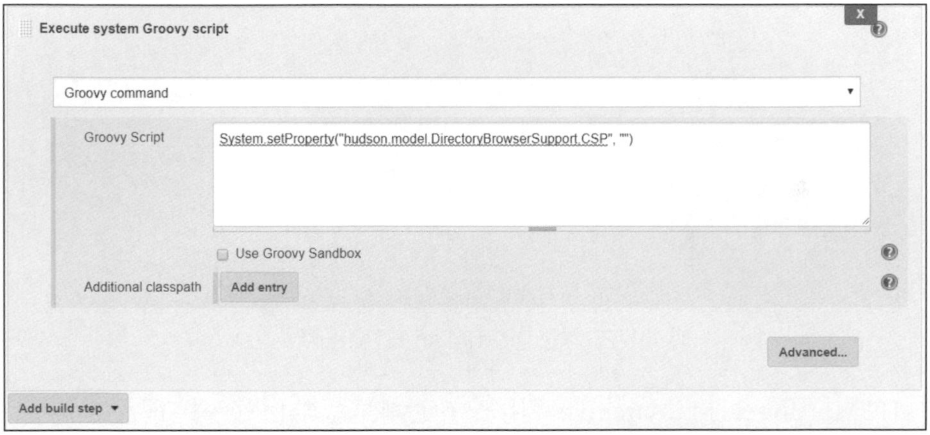

圖 11-24　選取 "Execute system Groovy script"

Jenkins 在靜態檔案表頭中引用了 Content-Security-Policy，在 Jenkins 中實際為 DirectoryBrowserSupport，它為 Jenkins 的 HTML/JavaScript、使用者目錄以及文件等設定了非常嚴格的許可權保護。不過，這會導致當透過 Jenkins 檢視 HTML 報告時遺失 CSS 樣式，執行上面的指令稿將清除檔案的許可權保護。

找到 "Post-build Actions" 選項，點擊 "Add post-build action" 按鈕，設定 "Publish HTML reports"，如圖 11-25 所示。

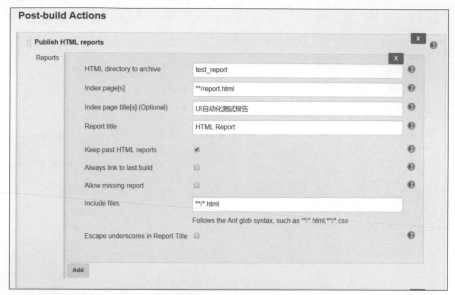

圖 11-25 設定 "Publish HTML reports"

- HTML directory to archive：用於指定測試報告目錄，這裡設定為 test_report。

- Index page[s]：指定測試報告的索引頁面，這裡設定為 **/report.html，表示比對某目錄下的 report.html 檔案。

- Keep past HTML reports：是否儲存舊的 HTML 報告。

- Include files：設定檔，根據提示填寫 **/*.html。

再次儲存工作，執行建構，建構記錄檔如下。

```
...

======================= 5 passed in 22.19 seconds =========================

D:\git\pyautoTest>exit 0
[htmlpublisher] Archiving HTML reports...
[htmlpublisher] Archiving at BUILD level D:\Java\apache-tomcat-9.0.14\
webapps\Jenkins\workspace\Simple task\test_report to D:\Java\apache-
tomcat-9.0.14\webapps\Jenkins\jobs\Simple task\builds\27\htmlreports\
```

```
HTML_20Report

Finished: SUCCESS
```

檢視 Simple task 首頁，可以發現增加了一個 HTML Report 選項，如圖 11-26 所示。

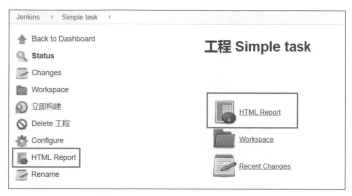

圖 11-26　Simple task 首頁

點擊 "HTML Report" 選項，可檢視歷史建構產生的測試報告列表，如圖 11-27 所示。

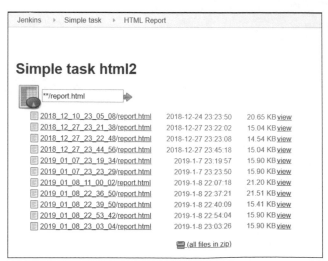

圖 11-27　歷史建構產生的測試報告列表

根據目錄名稱（日期時間）選擇最新產生的報告連結，點擊檢視 HTML
Report 詳情，如圖 11-28 所示。

圖 11-28　HTML Report 詳情

11.5.4 設定建構統計

有時需要直觀地檢視歷史建構情況，這時 pyautoTest 產生的 XML 格式的
報告就派上用場了。

點擊 "Configure" 選項，繼續進行工作的設定。找到 "Post-build Actions"
選項，點擊 "Add post-build action" 按鈕，設定 "Publish JUnit test result
report"，如圖 11-29 所示。

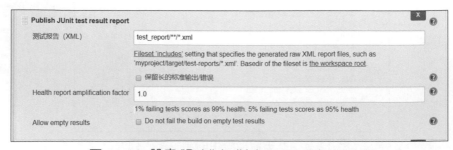

圖 11-29　設定 "Publish JUnit test result report"

測試報告（XML）：指定測試報告目錄下面的 XML 檔案，如 /test_report/**/*.xml。

重新儲存工作並執行建構，XML 報告統計如圖 11-30 所示。

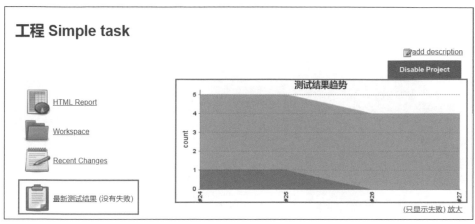

圖 11-30 XML 報告統計

頁面右側是「測試結果趨勢」，可以幫助我們檢視自動化測試的歷史執行情況。點擊「最新測試結果」，可以檢視更詳細的 XML 測試報告，如圖 11-31 所示。

Test Result : TestSearch

0 failures (±0)

4 tests (±0)
花了
add description

測試用例

測試名稱	运行时间	结果
test_baidu_search[case1]	2.3 秒	Passed
test_baidu_search[case2]	2.3 秒	Passed
test_baidu_search[case3]	5.4 秒	Passed
test_baidu_search_case	8.8 秒	Passed

圖 11-31 XML 測試報告

11.5.5 設定自動發送郵件

自動發送郵件也是常用功能之一,這裡將介紹如何設定自動發送郵件。

第一步,在 Jenkins 首頁,點擊「系統管理」→「系統設定」選項。

(1)點擊 "Jenkins Location" 選項,設定 "System Admin e-mail address",如圖 11-32 所示。

圖 11-32 設定 "System Admin e-mail address"

Jenkins 將用這個電子郵件發送通知郵件,這裡必須填寫,並且必須與後面的設定保持一致。

(2)點擊 "Extended E-mail Notification" 選項,可以看到設定項目較多,但並不是每一項都需要填寫,電子郵件基本設定如圖 11-33 所示。

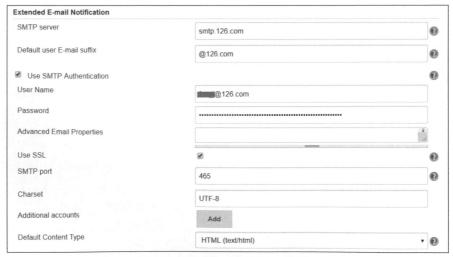

圖 11-33 電子郵件基本設定

- SMTP server：電子郵件 SMTP 服務位址，如 126 電子郵件服務位址為 smtp.126.com。

- Default user E-mail suffix：電子郵件副檔名，126 電子郵件副檔名為 @126.com。

- Use SMTP Authentication：選取使用 SMTP 認證。

- User Name：發送郵件的使用者名稱。

- Password：用戶端授權碼，並非電子郵件登入使用的密碼，請自行尋找資料設定用戶端授權碼。

- Use SSL：是否使用 SSL 連接 SMTP 伺服器，預設選取。

- SMTP port：SMTP 通訊埠，預設為 465。

- Charset：字元集，設定為 UTF-8。

- Default Content Type：預設郵件內容類型，這裡選擇 HTML(text/html)。

關於電子郵件的設定還有一些選項，可以選擇不填，點擊 "save" 按鈕儲存即可。

第二步，回到 Sample task 工作中的設定，找到 "Post-build Actions" 選項，點擊 "Add post-build action" 按鈕，設定 "Editable Email Notification"，如圖 11-34 所示。

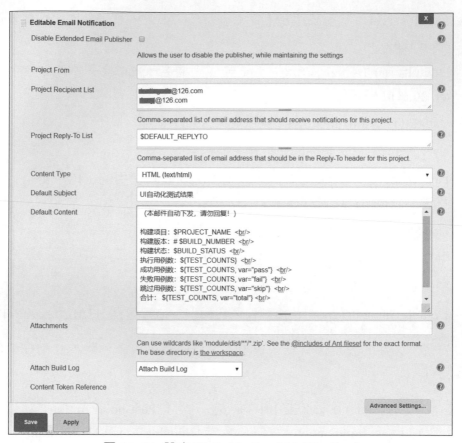

圖 11-34 設定 "Editable Email Notification"

- Project Recipient List：接收建構結果的郵寄清單。
- Default Subject：郵件標題，根據 Jenkins 工作填寫。
- Default Content：郵件正文，設定如下。

```
（本郵件自動下發，請勿回覆！）<br/>
建構專案：$PROJECT_NAME  <br/>
建構版本：# $BUILD_NUMBER  <br/>
建構狀態：$BUILD_STATUS  <br/>
執行使用案例數：${TEST_COUNTS}  <br/>
成功使用案例數：${TEST_COUNTS, var="pass"}  <br/>
```

```
失敗使用案例數：${TEST_COUNTS, var="fail"}  <br/>
跳過使用案例數：${TEST_COUNTS, var="skip"}  <br/>
合計：${TEST_COUNTS, var="total"} <br/>


Check console output at $BUILD_URL to view the results.
```

這裡使用 Jenkins 特定變數設定，郵件會將變數取代為實際的結果。

- Attachments：郵件附件，這裡可以指定測試報告的目錄。
- Attach Build Log：附加建構記錄檔。
- 點擊 "Advanced Settings…" 按鈕，更多選項如圖 11-35 所示。

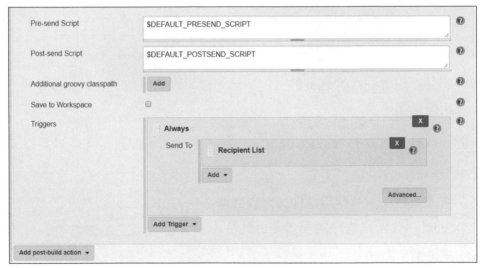

圖 11-35　更多選項

- Triggers：選擇觸發郵件發送規則，可以選擇每次發送，也可以選擇當工作失敗時發送。
- Send To：指定發送郵件的物件。

儲存工作，再次執行工作建構。登入收件箱，可以看到 Jenkins 自動發送的郵件如圖 11-36 所示。

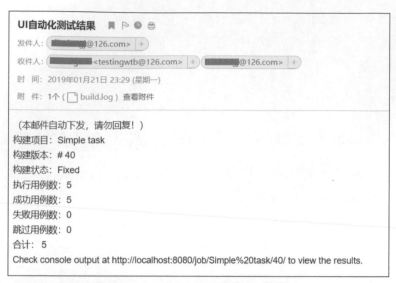

圖 11-36 Jenkins 自動發送的郵件

透過郵件可以看到本次建構的基本情況，還可以透過附件（build.log）檢視建構記錄檔。

至此，自動化專案的 Jenkins 設定已經基本完成。這些設定可以滿足以下需求：

（1）撰寫自動化測試使用案例並將程式傳送到 GitHub 倉庫。

（2）Jenkins 透過輪詢檢測程式是否更新。

（3）拉取最新的測試程式並執行，將執行結果發送到指定電子郵件。

（4）同時，透過 Jenkins 也可以檢視 HTML 測試報告和歷史執行情況。

appium 的介紹與安裝

本章介紹一款行動自動化測試工具 appium。appium 目前在移動 UI 自動化領域佔有重要地位，不僅支援 Android 和 iOS 兩大平台，還支援多種程式設計，因而獲得廣泛的應用。

12.1 appium 介紹

12.1.1 行動應用型態

行動應用型態主要分為以下幾種，如圖
12-1 所示。

- Native App：原生應用。
- Mobile Web App：行動 Web 應用。
- Hybrid App：混合應用。

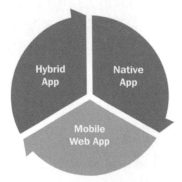

圖 12-1 行動應用型態

1 Native App

Native App（原生應用）是為特定行動裝置或平台開發的應用程式（如 Android、iOS 或 Windows）。例如，iPhone 應用程式是用 Swift 寫的，Android 應用程式是用 Java 寫的。原生應用的可用性極高，因為它們使用的是底層系統架構和裝置的內建功能。

2 Mobile Web App

Mobile Web App（行動應用）是透過行動瀏覽器存取的應用程式，可以透過內建瀏覽器輕鬆存取。例如，iOS 上的 Safari，Android 上的 Chrome。它們主要使用 HTML5、JavaScript 等技術開發，可以提供訂製功能。Mobile Web App 基本來自伺服器，並且不能在裝置的任何地方離線儲存。

3 Hybrid App

Hybrid App（混合應用）主要使用網路技術（HTML5、CSS 和 JavaScript）開發，但嵌入在 App 中執行，進一步感覺它像是原生應用程式。

對擁有網頁的公司來說，混合應用最受青睞。這些公司通常將混合應用作為封裝來建構網頁。PhoneGap 和 Sencha Touch 等工具可以為使用者建構一個混合應用，混合應用可以透過各自的應用程式商店下載。

appium 支援以上三種型態應用（Native App、Mobile Web App 和 Hybrid App）的自動化測試。

12.1.2　appium 的架構

appium 以用戶端 / 伺服器架構。伺服器執行指定順序為基礎的動作：

（1）從用戶端接收連接並啟動階段。
（2）監聽發出的指令。

（3）執行這些指令。

（4）傳回指令執行狀態。

appium 工作方式如圖 12-2 所示。

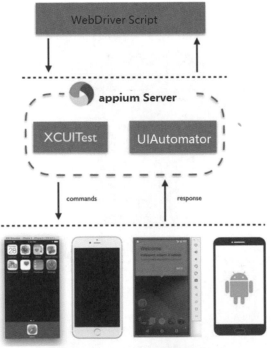

圖 12-2　appium 工作方式

1　XCUITest

XCUITest 是蘋果公司於 iOS 9.3 版本推出的自動化架構，從 iOS 10 開始，它是唯一的自動化架構。

appium 1.6.0 使用蘋果公司的 XCUITest 架構，它支援 iOS 10/Xcode 8。appium 內部使用 Facebook 公司的 WebDriverAgent 專案支援 XCUITest。

Facebook 公司的 WebDriverAgent 專案是一個為 iOS 實現的 WebDriver 服務，用於對連接的裝置或模擬器進行遠端控制。透過它可以啟動應用程式、執行指令（如點擊、捲動），或終止應用程式。對於較舊的 iOS 版本（9.3 以下版本），appium 使用 Apple 的 UIAutomation 函數庫，典型用法是在所需功能中傳遞以下內容：

```
automationName：XCUITest
```

UIAutomation 函數庫與行動裝置或模擬器內執行的 bootstrap.js 進行通訊，執行由 appium 用戶端收到的指令。

iOS 平台工作方式如圖 12-3 所示。

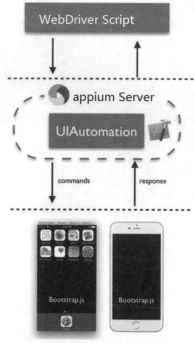

圖 12-3 iOS 平台工作方式

2 UIAutomator2

UIAutomator2 是以 Android 為基礎的自動化架構，允許使用者建構和執行 UI 測試。appium 使用 Google 公司的 UIAutomator2 在真實裝置或模擬

器上執行指令。UIAutomator2 是 Google 公司針對 App 設計的 UI 自動化
測試架構。典型的用法是在所需的功能中傳遞以下內容：

```
automationName：uiautomator2
```

在 appium 1.6 版本中，appium 為 UIAutomator2 提供支援。appium 使用
appium-android-bootstrap 模組與 UIAutomator2 進行互動。它允許將指令
發送到裝置，使用 Android 的 UIAutomator2 測試架構在真實裝置上執行
指令。

當 appium 用戶端請求建立新的 AndroidDriver 階段時，appium 用戶端會
將所需的功能傳遞給 appium 節點伺服器。首先，UIAutomator2 驅動程式
模組建立階段。然後，在連接的 Android 裝置上安裝 UIAutomator2 伺服
器 apk。接著啟動 Netty 伺服器。在 Netty 服務啟動後，UIAutomator2 伺
服器在裝置上監聽請求並做出回應。

Android 平台工作方式如圖 12-4 所示。

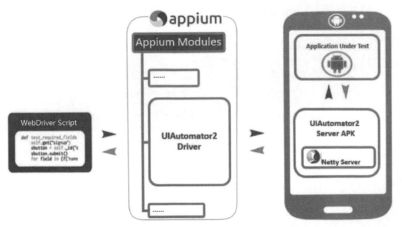

圖 12-4　Android 平台工作方式

注意：以上關於 appium 工作方式的介紹摘自 appium essentials 一書。

12.1.3 appium 的工作過程

appium 的工作過程如圖 12-5 所示。

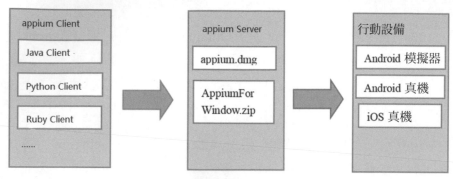

圖 12-5 appium 的工作過程

1 appium Client

appium Client 支援多種語言 / 架構，它針對主流的程式語言分別開發了對應的 appium 測試函數庫，我們可以選擇自己熟悉的語言或架構來撰寫 appium 測試指令稿。appium Client 支援的語言 / 架構如表 12-1 所示。

表 12-1 appium Client 支援的語言 / 架構

語言 / 架構	Github 專案位址
ruby	https://github.com/appium/ruby_lib
Python	https://github.com/appium/python-client
Java	https://github.com/appium/java-client
JavaScript (Node.js)	https://github.com/admc/wd
Objective-C	https://github.com/appium/selenium-objective-c
PHP	https://github.com/appium/php-client
C# (.NET)	https://github.com/appium/appium-dotnet-driver
Robot Framework	https://github.com/jollychang/robotframework-appiumlibrary

2 appium Server

appium 需要在 PC 上啟動一個 Server，監聽用戶端自動化測試的執行，
並將請求發送到對應的行動裝置或模擬器中執行。

appium Server 支援 macOS 和 Windows 兩大平台。我們可以在不同的平
台撰寫並執行 appium 自動化測試。需要特別說明的是，appium Server 專
案已經停止更新，由 appium Desktop 替代。

3 行動裝置

行動裝置用於執行 appium 自動化測試的環境，既可以是一台連接到 PC
的手機，也可以是在 PC 上執行的 iOS 模擬器或 Android 模擬器。

12.2　appium 環境架設

現在，我們對 appium 已經有了初步了解。因為 appium 支援多語言、多
平台，而本書不可能把所有組合都示範一遍，所以下面以安裝環境為例
進行示範。

- 作業系統：Windows 10。
- 被測平台：Android 模擬器。
- appium 伺服器：appium Desktop。
- appium 用戶端：python-client。

確定環境以及需要安裝的軟體後，下面分別進行安裝。

12.2.1　Android Studio

我們既可以透過 Android 手機連接 PC 來執行 appium 自動化測試，也可
以透過 Android SDK 建立 Android 模擬器來執行 appium 自動化測試。這
裡需要安裝 Android SDK，因為它提供了一些必要的工具，如 adb 可以用

於連接 PC 與 Android 手機 / 模擬器，UIAutomatorViewer 可以幫助定位 Android 元素。

Android SDK（Software Development Kit，軟體開發套件）提供了 Android API 函數庫和開發工具建構，可用來測試和偵錯應用程式。簡單來講，Android SDK 可以看作用於開發和執行 Android 應用的一個軟體。Android SDK 已經不再提供完整的獨立的下載，需要透過 Android Studio 安裝。

Android Studio 是 Android 應用的整合開發工具，用於開發與偵錯 Android 應用，是 Google 公司在 IntelliJ IDEA 開放原始碼版本基礎上開發的。

在安裝 Android 開發環境之前，需要先安裝 Java 開發環境，參考本書第 10 章。

Android Studio 下載網址：https://developer.android.google.cn/studio。

讀者可以根據自己的作業系統下載對應的版本，本書以 Windows 系統為例。雙擊 Android Studio 安裝檔案，點擊 "Next" 按鈕，選取 "Android Virtual Device" 選項，如圖 12-6 所示。

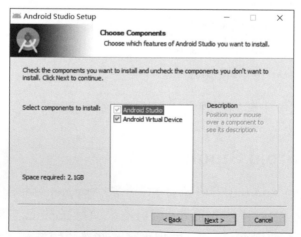

圖 12-6 選取 "Android Virtual Device" 選項

點擊 "Next" 按鈕,選擇安裝路徑,如圖 12-7 所示。

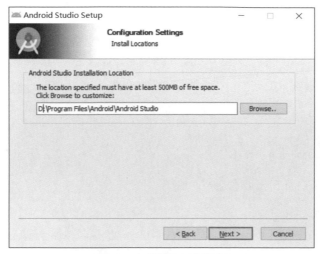

圖 12-7 選擇安裝路徑

點擊 "Next" 按鈕,直到安裝完成。第一次啟動 Android Studio 時,會出現提示框,如圖 12-8 所示。

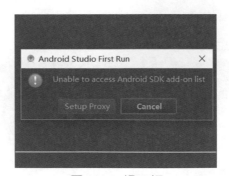

圖 12-8 提示框

提示 Android Studio 沒有檢查到 Android SDK,因為我們沒有單獨安裝和設定 Android SDK,所以點擊 "Cancel" 按鈕,繼續安裝。

選取 "Android SDK-(754MB)" 和 "Android SDK Platform" 選項,並透過 "Android SDK Location" 選項設定 Android SDK 的安裝路徑。這裡設

定路徑為 D:\android\SDK，如圖 12-9 所示。

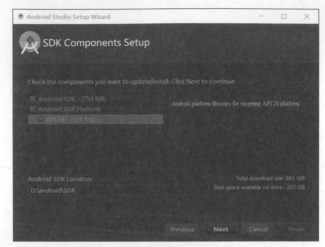

圖 12-9 設定 Android SDK 的安裝路徑

點擊 "Finish" 按鈕，開始下載安裝 Android SDK，整個安裝過程比較漫長，需要等待一段時間。

安裝完成後，就可以建立 Android 專案了，如圖 12-10 所示。

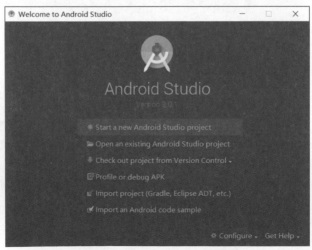

圖 12-10 建立 Android 專案

這裡省略建立 Android 專案的過程，實際請參考 Android 官方文件 https://
developer. android. google.cn/docs/。

12.2.2 Android 模擬器

使用 Android Studio 建立 Android 模擬器。

首先，啟動 Android Studio，點擊 "Create Virtual Device…" 按鈕，如圖
12-11 所示。

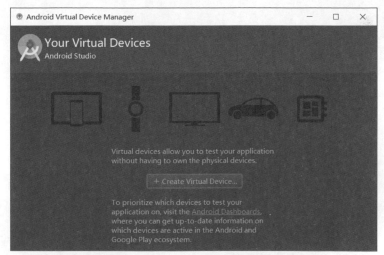

圖 12-11 點擊 "Create Virtual Device" 按鈕

在出現的頁面中，Category 型態選擇 "Phone"，並選擇一款 Android 手機
型號，如圖 12-12 所示。

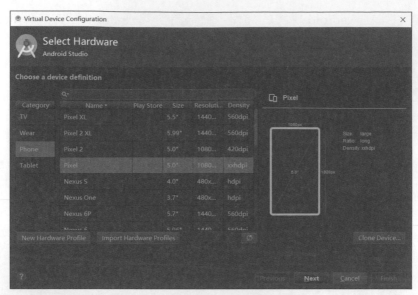

圖 12-12 選擇 Android 手機型號

點擊 "Next" 按鈕，在新頁面中設定 Android 模擬器，如圖 12-13 所示。

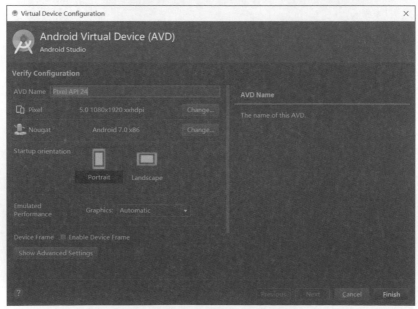

圖 12-13 設定 Android 模擬器

- AVD Name：為模擬器取一個名字。
- Pixel：選擇手機型號，螢幕尺寸為 5.0 英吋，解析度為 1080×1920（單位：像素）。
- Nougat：對應 Android 版本 7.0。
- Startup orientation：選擇模擬器橫向螢幕或垂直顯示。
- Graphics：選擇模擬器中的繪製圖形。
- Device Frame: 是否顯示手機外形，建議不選取。

點擊 "Finish" 按鈕，完成 Android 模擬器的建立。

在 Android 模擬器管理列表中，選擇建立的 Android 模擬器，在 "Actions" 一列點擊「▶」按鈕，啟動 Android 模擬器。Android 模擬器管理列表如圖 12-14 所示。

圖 12-14 Android 模擬器管理列表

設定 Android 環境變數。前面在安裝 Android SDK 時，設定的路徑為 D:\android\SDK。

按右鍵「此電腦」，在右鍵快顯功能表中點擊「屬性」→「進階系統設定」→「進階」→「環境變數」→「系統變數」下的「新增」按鈕，增加 ANDROID_HOME。

變數名稱：ANDROID_HOME
變數值：D:\android\SDK

點擊 "Path" 變數名稱，接著點擊「編輯」按鈕，追加以下設定。

變數名稱：path
變數值：;%ANDROID_HOME%\platform-tools;%ANDROID_HOME%\tools;

在 Windows 命令提示字元下輸入 "adb" 指令。

```
> adb
Android Debug Bridge version 1.0.40
Version 4797878
Installed as D:\android\SDK\platform-tools\adb.exe

global options:
 -a         listen on all network interfaces, not just localhost
 -d         use USB device (error if multiple devices connected)
 -e         use TCP/IP device (error if multiple TCP/IP devices available)
 -s SERIAL  use device with given serial (overrides $ANDROID_SERIAL)
 -t ID      use device with given transport id
 -H         name of adb server host [default=localhost]
 -P         port of adb server [default=5037]
 -L SOCKET  listen on given socket for adb server
[default=tcp:localhost:5037]
...
```

Android Debug Bridge（ADB）是一種命令列工具，用於在 PC 與 Android 模擬器（或連接的 Android 裝置）之間進行通訊。該工具整合在 Android SDK 中，預設在 Android SDK 的 platform-tools/ 目錄下。

官方網站：http://adbshell.com/。

12.2.3　appium Desktop

appium 為 C/S 架構，Server（伺服器）主要用來監聽我們的行動裝置，接收 Client（用戶端）發來的 JSON 請求，解析後驅動行動裝置執行測試使用案例。

appium Server 扮演著伺服器的角色，但在 2015 年停止更新了，由 appium Desktop 替代。

GitHub 位址：https://github.com/appium/appium-desktop

你可以根據自己的平台下載對應的版本。本書以 Windows 為例，選擇 appium-Windous-1.13.0.exe 檔案進行下載。下載並安裝完成後，桌面會產生一個的 appium 圖示，appium 啟動後介面如圖 12-15 所示。

圖 12-15　appium 啟動後介面

預設顯示監控的 Host 和 Port，預設為 0.0.0.0:4723。點擊 "Start Server v1.10.0" 按鈕，啟動 Server，監聽本機的 4723 通訊埠。

12.2.4　Python Client

appium Client 支援多種程式語言，因為本書以 Python 為例，所以這裡選擇 Python-Client。

透過 pip 指令安裝 appium 測試函數庫。

```
> pip install Appium-Python-Client
```

至此，我們的 appium 自動化測試環境就安裝完成了。

12.2.5　第一個 appium 測試

下面執行第一個 appium 自動化測試。首先，啟動 Android 模擬器，如圖 12-16 所示。

圖 12-16　啟動 Android 模擬器

其次，使用 "adb devices" 指令檢查是否能監聽到 Android 模擬器。

```
> adb devices
List of devices attached
emulator-5554    device
```

接下來，啟動 appium Desktop，如圖 12-17 所示。

圖 12-17　啟動 appium Desktop

最後，透過 Python 撰寫 appium 自動化測試指令稿。

```python
from appium import webdriver

# 定義執行環境
desired_caps = {
    'deviceName': 'Android Emulator',
    'automationName': 'appium',
    'platformName': 'Android',
    'platformVersion': '7.0',
```

```
    'appPackage': 'com.android.calculator2',
    'appActivity': '.Calculator',
}
driver = webdriver.Remote('http://localhost:4723/wd/hub', desired_caps)

driver.find_element_by_id("com.android.calculator2:id/digit_1").click()
driver.find_element_by_id("com.android.calculator2:id/op_add").click()
driver.find_element_by_id("com.android.calculator2:id/digit_2").click()
driver.find_element_by_id("com.android.calculator2:id/eq").click()

driver.quit()
```

執行指令稿，啟動 Android 附帶的計算機（Calculator）App，並完成簡單的運算。執行情況如圖 12-18 所示。

圖 12-18 執行情況

appium 基礎

透過對第 12 章的學習,我們已經完成對 appium 的環境安裝,並且還執行了一個計算機的自動化測試指令稿,本章詳細介紹以 Python 語言為基礎的 appium API 的使用。

13.1 Desired Capabilities

appium 在 啟 動 session 時, 需 要 提 供 Desired Capabilities。Desired Capabilities 本質上是字典物件,由用戶端產生平行處理送給伺服器(appium Desktop),告訴伺服器 App 執行的環境。

Desired Capabilities 的基本設定如下。

```python
from appium import webdriver

# 定義 Android 執行環境
desired_caps = {
    'deviceName': 'Android Emulator',
    'automationName': 'appium',
    'platformName': 'Android',
    'platformVersion': '7.0',
```

```
    'appPackage': 'com.android.calculator2',
    'appActivity': '.Calculator',
    'noReset': True,
}
driver = webdriver.Remote(command_executor='http://localhost:4723/wd/hub',
                          desired_capabilities=desired_caps)
...
```

Desired Capabilities 的設定說明如下。

- deviceName：啟動的裝置、實機或模擬器，如 iPhone Simulator、Android Emulator、Galaxy S4 等。
- automationName：使用的自動化引擎，如 appium（預設）或 Selendroid（相容 Android API 17 以下）。
- platformName：使用的行動平台，如 iOS 或 Android。
- platformVersion：指定平台的系統版本，如 Android 平台，版本為 7.0。
- appPackage：被測試 App 的 Package 名，如 com.example.android.myApp、com.android.settings 等。
- appActivity：被測試 App 的 Activity 名，如 Calculator、MainActivity、.Settings 等。
- noReset：在階段前重置應用狀態。當設定為 True 時，會跳過安裝指引；預設為 false。

更多的設定說明，請參考官方文件：

```
https://github.com/appium/appium/blob/master/docs/en/writing-running-
appium/caps.md
```

如何取得 appPackage 和 appActivity？

appium 在啟動 App 時必須要設定 appPackage 和 appActivity 兩個參數。取得，這兩個參數的方式有很多種，最簡單的方式是直接詢問 App 開發人員。除此之外，我們還可以透過以下兩種方式分析出這兩個參數。

方式一：透過 adb 工具抓取記錄檔進行分析。

這種方式需要借助 adb 工具。

（1）執行 "adb logcat>D:/log.txt" 指令，將 adb 抓取的記錄檔寫入 D:/log.
txt 檔案。

```
> adb logcat>D:/log.txt
```

（2）在 Android 模擬器或裝置中開啟要測試的 App，並做一些操作。

（3）按快速鍵 Ctrl+c 結束記錄檔的捕捉。

（4）開啟 D:/log.txt 檔案，搜索 "Displayed" 關鍵字，尋找 App 的 Package
和 Activity。

```
09-0117:16:31.970  1636  1740 I ActivityManager: Displayed com.meizu.
flyme.flymebbs
/.ui.LoadingActivity: +928ms
```

- appPackage：com.meizu.flyme.flymebbs。
- appActivity：.ui.LoadingActivity。

方式二：透過 aapt 檢視資訊。

aapt 即 Android Asset Packaging Tool，在 SDK 的 build-tools 目錄下。該
工具既可以檢視、建立、更新 zip 格式的文件附件（zip、jar、apk），也
可以將資源檔編譯成二進位檔案。

```
> cd D:\android\SDK\build-tools\28.0.2
> aapt dump badging D:\appium\apk\mzbbs\com.meizu.flyme.
flymebbs_40000003.apk

package: name='com.meizu.flyme.flymebbs' versionCode='40000003'
versionName='4.0.3' platformBuildVersionName='8.0.0'
sdkVersion:'21'
```

```
targetSdkVersion:'26'
...
launchable-activity: name='com.meizu.flyme.flymebbs.ui.LoadingActivity'
label='' icon=''
...
```

從程式中可以看到 App 的 Package 和 Activity。

13.2　控制項定位

對 UI 自動化測試來説，關鍵就是定位元素或控制項。不管是 Web 頁面，還是移動 App，要想對元素或控制項進行點擊或輸入操作，都要定位元素或控制項。

appium 繼承了 Selenium 的定位方法，並在其基礎上進行了擴充，以適應行動端控制項的定位。

appium 擴充的定位方法如下。

- ios_uiautomation：find_element_by_ios_uiautomation()
- ios_predicate：ind_element_by_ios_predicate()
- ios_class_chain：find_element_by_ios_class_chain()
- android_uiautomator：find_element_by_android_uiautomator()
- android_viewtag：find_element_by_android_viewtag()
- android_datamatcher：find_element_by_android_data_matcher()
- accessibility_id：find_element_by_accessibility_id()
- image：find_element_by_image()
- custom：find_element_by_custom()

可以借助 Android SDK 附帶的 UI Automator Viewer 工具對 Android 裝
置式模擬器中的控制項進行定位。該工具位於 …\tools\bin\ 目錄下的
uiautomatorviewer.bat 檔案中可以雙擊啟動，也可以在 Windows 命令提示
字元下輸入 "uiautomatorviewer" 指令啟動。

點擊 Device Screenshot 按鈕，進入 Android 裝置或模擬器的目前介面。
UI Automator Viewer 工具如圖 13-1 所示。

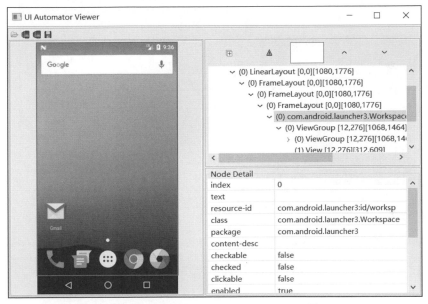

圖 13-1 UI Automator Viewer 工具

13.2.1 id 定位

id 定位是使用控制項的 resource-id 進行定位的。當 Android 裝置或模擬
器的 Android 系統 API 版本低於 18 時，UI Automator Viewer 工具無法取
得對應的 resource-id。

透過 UI Automator Viewer 工具可以檢視 resource-id，如圖 13-2 所示。

圖 13-2 檢視 resource-id

resource-id 的使用方法如下。

```
driver.find_element_by_id("com.android.calculator2:id/formula")
```

13.2.2 Class Name 定位

Class Name 定位是使用控制項的 class 屬性進行定位的，透過 UI Automator Viewer 工具可以檢視 class 屬性，如圖 13-3 所示。

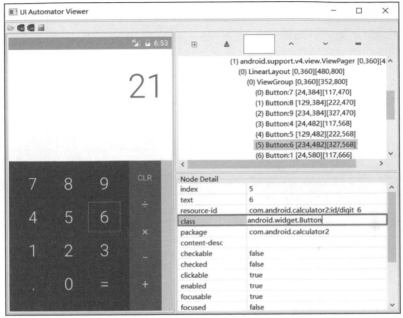

圖 13-3 檢視 class 屬性

計算機介面上的所有按鈕的 class 屬性都為 android.widget.Button。由此可以看出,該屬性的重複性很高。不過,我們可以先定位一組控制項,再進一步篩選,進一步找到想要操作的控制項,使用方法如下。

```
button_list = driver.find_elements_by_class_name("android.widget.Button")
print(len(button_list))

# 列印每個控制項的 text 屬性
for button in button_list:
    print(button.text)

# 操作某一個元素
button_list[8].click()    # 數字 3
button_list[16].click()   # 加號
button_list[2].click()    # 數字 9
button_list[11].click()   # 等號
```

除非其他方法都無法定位到控制項,否則不考慮使用這種方法,因為程式撰寫和執行效率都比較低。

13.2.3 XPath 定位

在 appium 中,XPath 定位如圖 13-4 所示。

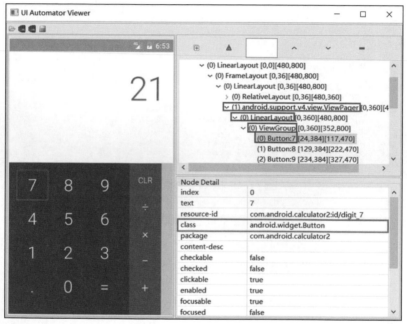

圖 13-4 XPath 定位

如果根據 WebDriver 上的 XPath 使用經驗,尋找層級標籤名稱,那麼寫出來的路徑應該如下。

```
driver.find_element_by_xpath("android.support.v4.view.ViewPager/
LinearLayout/ViewGroup/Button:7")
```

但是，這是錯誤的！正確的方式是取得控制項的 class 屬性，來代替標籤名稱，寫法如下。

```
# 定位數字 7
driver.find_element_by_xpath("//android.view.ViewGroup/
android.widget.Button")
```

如果出現 class 屬性相同的情況，則用控制項的屬性進一步區分。

```
# 定位數字 7
driver.find_element_by_xpath("//android.widget.Button[contains
(@text,'7')]")  # 7
# 定位乘號（）
driver.find_element_by_xpath("//android.widget.Button[contains(@content-
desc,'times')]")
```

XPath 在 appium 上的用法很強大，不過，需要寫更長的定位語法，因為在 App 上，class 屬性本身就很長，再加上多層級，結果可想而知。

13.2.4 Accessibility id 定位

該方法屬於 appium 擴充的定位方法，它採用一個字串表示附加到指定元素的可存取 id 或標籤，例如，iOS 中的可存取識別符號，或 Android 中的內容描述等。

其實，它的核心是找到控制項的 contentDescription 屬性。Accessibility id 定位如圖 13-5 所示。

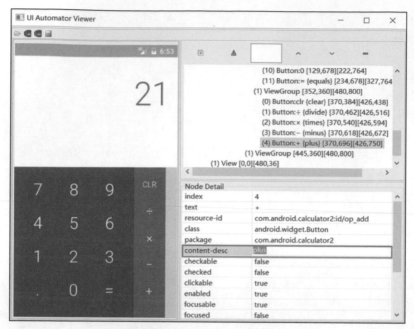

圖 13-5 Accessibility id 定位

在 Android 中，Accessibility id 定位取控制項的 content-desc 屬性，使用方法如下。

```
driver.find_element_by_accessibility_id("plus")
```

13.2.5 Android uiautomator 定位

該方法屬於 appium 的擴充定位方法，並且只支援 Android 平台。

appium 在 對 Android 原 生 應 用 進 行 自 動 化 測 試 時，底 層 使 用 的 是 UIAutomator2 測試函數庫，在 UIAutomator2 測試函數庫中透過 UiSelector 物件去尋找控制項。Android uiautomator 可以直接使用 UIAutomator2 的定位方法來尋找控制項，Android uiautomator 定位如圖 13-6 所示。

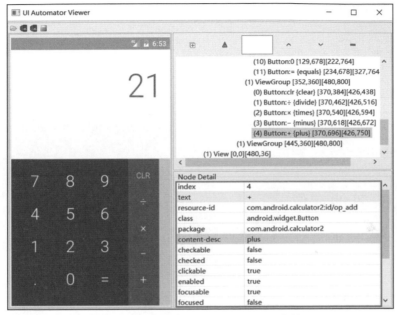

圖 13-6　Android uiautomator 定位

也就是説，一個元素的任意屬性都可以透過 Android uiautomator 方法來
進行定位，使用方法如下。

```
# text 屬性
driver.find_element_by_android_uiautomator('new UiSelector().text("clr")')
driver.find_element_by_android_uiautomator('new UiSelector().text("8")')
driver.find_element_by_android_uiautomator('new UiSelector().text("5")')


# content-desc 屬性
driver.find_element_by_android_uiautomator('new UiSelector().description
("equals")')
driver.find_element_by_android_uiautomator('new UiSelector().description
("plus")')


# id 屬性
driver.find_element_by_android_uiautomator(
```

```
    'new UiSelector().resourceId("com.android.calculator2:id/digit_1")')

# class 屬性
driver.find_element_by_android_uiautomator(
    'new UiSelector().className("android.widget.Button")')
```

UIAutomator 官方文件：https://developer.android.google.cn/training/testing/ui-automator 。

13.2.6 其他定位

除前面介紹的定位方法外，還有一些定位方法沒有介紹實際用法，實際如下。

（1）在 appium 的 Native App 中沒有使用的方法如下。

```
driver.find_element_by_name()
driver.find_element_by_tag_name()
driver.find_element_by_link_text()
driver.find_element_by_partial_link_text()
driver.find_element_by_css_selector()
```

這些方法在 Web App 下，或 Hybrid App 的 WebView 元件下仍然可以使用，用法與 WebDriver 一致。

（2）在 appium 中沒有詳細介紹的定位方法如下。

```
driver.find_element_by_ios_uiautomation()
driver.find_element_by_ios_predicate()
driver.find_element_by_ios_class_chain()
driver.find_element_by_android_viewtag()
find_element_by_android_data_matcher()
driver.find_element_by_image()
driver.find_element_by_custom()
```

前三個定位方法是針對 iOS 平台控制項的，後 4 個方法目前並不常用。
本書偏重介紹 Android 平台的控制項定位，所以，不再介紹這些定位方法
的實際用法。

> **知識延伸**：什麼是 WebView 元件？
>
> WebView 可直譯為網頁視圖。Android 內建 WebKit 核心的高性能瀏覽
> 器，而 WebView 是在此基礎上進行封裝後的一個元件。我們可以使用
> WebView 在 App 中嵌套一個 Web 頁面。

13.3　appium 的常用 API

行動端的互動比 Web 端更加豐富，如鎖定 / 解鎖、滑蓋、搖動、重新啟
動等，appium 在 WebDriver API 的基礎上擴充了這些操作。

appium 官方文件：http://appium.io/docs/en/about-appium/intro/。

13.3.1　應用操作

本節主要介紹對應用的操作，如應用的安裝、移除、關閉以及啟動等。

（1）安裝應用。
方法：

```
install_app()
```

安裝應用到裝置中，需要指定 apk 套件的路徑。

```
driver.install_app("D:\\android\\apk\\ContactManager.apk")
```

（2）移除應用。

方法：

```
remove_app()
```

從裝置中移除某個指定的應用，需要指定 App 套件名稱。

```
driver.remove_app('com.example.android.apis')
```

（3）關閉應用。

方法：

```
close_app()
```

關閉開啟的應用，預設關閉目前開啟的應用，所以不需要參數。

```
driver.close_app()
```

（4）啟動應用。

方法：

```
launch_app()
```

在裝置上啟動所需功能中指定的應用。appium 在執行測試之前需要指定 App 的相關資訊並啟動。為什麼這裡又單獨提供了一個啟動 App 的方法呢？因為該方法可以配合 close_app() 方法使用。

```
driver.close_app()
driver.launch_app()
```

（5）檢查應用是否已經安裝

方法：

```
is_app_installed()
```

檢查應用是否已經安裝，需要指定應用的套件名稱。傳回結果為 True 或 False。

```
result = driver.is_app_installed('com.example.android.apis')
print(result)
```

（6）將應用置於後台

方法：

```
background_app()
```

將目前應用置於後台，需要指定將應用置於後台的時間，預設時間單位
為秒。

```
driver.background_app(10)   # 將應用置於後台 10s
```

（7）應用重置

方法：

```
reset()
```

類似於清除應用快取。

```
driver.reset()
```

13.3.2　上下文操作

什麼是上下文？百度百科中的解釋如下。

上下文是從英文 context 翻譯過來的，指的是一種環境。

在軟體工程中，上下文是一種屬性的有序序列，它們為駐留在環境內的物件
定義環境。在電腦技術中，對處理程序而言，上下文就是處理程序即時執行
的環境，實際來說就是各個變數和資料，包含所有的暫存器變數、處理程序
開啟的檔案和記憶體資訊等。

這裡的上下文主要針對混合應用，它們與 App 原生控制項和內嵌 Web 頁
面上的元素的定位方式不同，所以需要確認目前操作的元素或控制項的
上下文，以便使用不同的定位策略。

（1）可用上下文。

方法：

```
contexts
```

取得目前所有可用上下文。

```
driver.contexts
```

（2）目前上下文。

方法：

```
current_context
```

取得目前可用上下文。

```
driver.current_context
```

（3）切換上下文。

方法：

```
switch_to.context()
```

切換到指定上下文。

```
driver.switch_to.context('NATIVE_APP')
driver.switch_to.context('WEBVIEW_1')
```

13.3.3 鍵盤操作

（1）輸入字串。

方法：

```
send_keys()
```

模擬輸入字串。

```
driver.find_element_by_name("Name").send_keys("jack")
```

（2）模擬按鍵。

方法：

```
keyevent()
```

發送一個鍵碼的操作，即一次只能輸入一個字元。

```
# 輸入數字 "186"
driver.keyevent(1)    # 1
driver.keyevent(15)   # 8
driver.keyevent(13)   # 6

# 輸入字串 "HELLO"
driver.keyevent(36)   # H
driver.keyevent(33)   # E
driver.keyevent(40)   # L
driver.keyevent(40)   # L
driver.keyevent(43)   # O
```

將游標定位到某輸入框，自動呼叫出系統鍵盤，執行 keyevent() 方法。另外，還需要知道每個字元的編號。

更多資訊請參考 https://developer.android.google.cn/reference/android/view/KeyEvent。

13.3.4 觸控操作

TouchAction 類別提供了一組實現觸控動作的方法。

（1）點擊控制項。

方法：

```
tap()
```

對一個控制項或座標點（x,y）執行點擊操作。

```
tap(self, element=None, x=None, y=None, count=1)
```

tap() 方法中有一個 count 參數，用於設定控制項的點擊次數，預設為 1
次。

```
from appium.webdriver.common.touch_action import TouchAction
...
# 點擊控制項
el = driver.find_element_by_android_uiautomator('text("Name")')
TouchAction(driver).tap(el).release().perform()
TouchAction(driver).tap(x=0, y=308).perform()
TouchAction(driver).tap(el, count=2).perform()
```

perfrom() 方法透過將指令發送到要操作的伺服器來執行操作。

（2）長按控制項。
方法：

```
long_press()
```

長按一個控制項或座標點（x,y）。

```
long_press(self, el=None, x=None, y=None, duration=1000)
```

long_press() 方法中有一個 duration 參數，用來控制按壓的時間。duration
以毫秒為單位，其用法與 tap() 方法相同。

```
# 長按控制項
el = driver.find_element_by_android_uiautomator('text("Name")')
TouchAction(driver).long_press(el).perform()
TouchAction(driver).long_press(x=0, y=308).perform()
TouchAction(driver).long_press(el, duration=2000).perform()
```

（3）移動。

方法：

```
move_to()
```

將游標移動到新的元素或座標點（x,y）。

```
move_to(self, el=None, x=None, y=None)
# 移動游標到新的元素或座標點
el = driver.find_element_by_android_uiautomator('text("Name")')
TouchAction(driver).move_to(el).perform()
TouchAction(driver).move_to(x=0,y=308).perform()
```

（4）暫停

方法：

```
wait()
```

暫停指令稿的執行。

```
wait(self, ms=0)
```

ms 參數表示時間，單位為毫秒。

```
# 暫停
TouchAction(driver).wait(1000).perform()
TouchAction(driver).wait(5000).perform()
```

appium 不僅可以執行一個動作，還可以同時執行多個動作，形成動作鏈，以模擬多指動作。appium 是透過建構一個 MultiAction 物件來實現執行多個動作的，該物件包含多個單獨的 TouchAction 物件，每個「手指」對應一個。

```
from appium.webdriver.common.multi_action import MultiAction
from appium.webdriver.common.touch_action import TouchAction
...
```

```
# 執行動作鏈
els = driver.find_elements_by_class_name('listView')
a1 = TouchAction()
a1.press(els[0])\
    .move_to(x=10, y=0)\
    .move_to(x=10, y=-75)\
    .move_to(x=10, y=-600)\
    .release()

a2 = TouchAction()
a2.press(els[1]) \
    .move_to(x=10, y=10)\
    .move_to(x=10, y=-300)\
    .move_to(x=10, y=-600)\
    .release()

ma = MultiAction(driver, els[0])
ma.add(a1, a2)
ma.perform()
```

13.3.5 特有操作

appium 還提供了一些針對行動裝置的特有操作。

（1）熄屏。

方法：

```
lock()
```

點擊電源鍵熄滅螢幕。

```
lock(self, seconds=None)
```

seconds 參數表示時間，單位為秒，預設為 None。

```
driver.lock(seconds=3)   # 熄屏 3s
```

（2）取得目前 package。

方法：

```
current_package
```

取得目前 App 的套件名稱（package），僅支援 Android。

```
package = driver.current_package
print(package)
```

（3）取得目前 activity。

方法：

```
current_activity
```

取得目前 App 的 activity，僅支援 Android。

```
activity = driver.current_activity
print(activity)
```

（4）收起虛擬鍵盤。

方法：

```
hide_keyboard()
```

當需要在 App 中進行輸入操作時需要呼叫出虛擬鍵盤，它會佔用大約三分之一螢幕，在輸入完成後，可以使用該方法收起虛擬鍵盤。

```
driver.hide_keyboard()   # 收起虛擬鍵盤
```

（5）取得螢幕長寬。

方法：

```
get_window_size()
```

當需要透過座標（x,y）對螢幕操作時，就需要取得螢幕的長寬。

```
windows = driver.get_window_size()
print(windows["width"])
print(windows["height"])
```

（6）拉取檔案。

方法：

```
pull_file()
```

從實機或模擬器中拉取檔案。

```
pull_file(self, path)
```

path 參數指定檔案的路徑。

```
driver.pull_file('Library/AddressBook/AddressBook.sqlitedb')
```

（7）發送檔案。

方法：

```
driver.push_file()
```

發送檔案到裝置中。

```
push_file(self, path, base64data)
```

path 參數指定 PC 中的檔案路徑，base64data 參數指定寫入檔案的內容的
編碼為 base64。

```
data = "some data for the file"
path = "/data/local/tmp/file.txt"
driver.push_file(path, data.encode('base64'))
```

13.4 appium Desktop

appium Desktop 除作為 Server 角色外，還提供元素定位和指令稿錄製功能。

13.4.1 準備工作

首先，啟動 Android 模擬器或實機。然後，啟動 appium Desktop。appium Desktop 如圖 13-7 所示。

圖 13-7　appium Desktop

點擊右上角放大鏡按鈕，建立 Session 介面，如圖 13-8 所示。

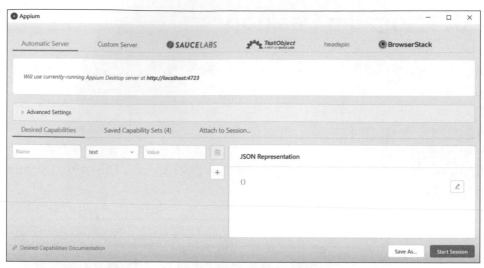

圖 13-8 Session 介面

點擊 Desired Capabilities 選項，顯示 Desired Capabilities 介面如圖 13-9 所示。appium desktop 既支援選項（左側）的填寫，也支援 JSON 格式（右側）的填寫。

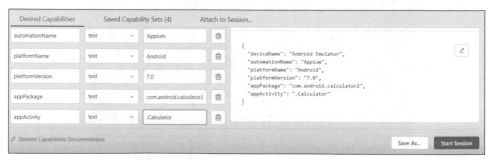

圖 13-9 設定 Desired Capabilities 介面

```
desired_caps = {
    'deviceName': 'Android Emulator',
    'automationName': 'Appium',
    'platformName': 'Android',
    'platformVersion': '7.0',
```

```
    'appPackage': 'com.android.calculator2',
    'appActivity': '.Calculator',
}
```

為了下次啟動時不再填寫，這裡點擊 "Save As" 按鈕，為 Desired Capabilities
設定命名並儲存，如圖 13-10 所示。

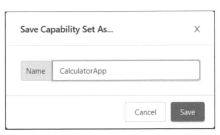

圖 13-10 為 Desired Capabilities 設定命名

當下次使用時，只需在 "Saved Capability Sets" 標籤中選擇即可。

點擊圖 13-9 中右下角的 "Start Session" 按鈕，經過幾秒鐘的等待，即可
開啟取得的 App 介面，如圖 13-11 所示。

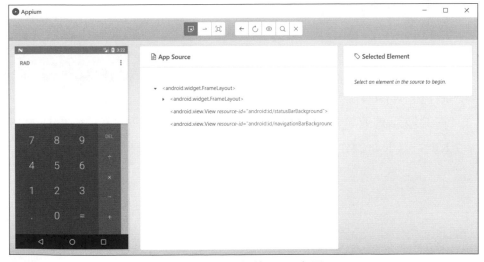

圖 13-11 取得的 App 介面

13.4.2 控制項定位

appium Desktop 可檢視控制項定位資訊，如圖 13-12 所示。

圖 13-12 檢視控制項定位資訊

整個介面分為三部分：

（1）左側顯示 App 的目前介面，可以在上面點擊需要定位的控制項，使其處於選取狀態。

（2）中間顯示 App 的版面配置結構，即根據左側選擇的控制項，顯示目前控制項的版面配置結構。

（3）右側顯示選取控制項的定位建議（id、xpath），同時提供 Tap、Send Keys、Clear 操作，而且還列出了控制項的所有屬性。

13.4.3 指令稿錄製

appium Desktop 還提供了指令稿錄製功能,錄製指令稿介面如圖 13-13 所示。

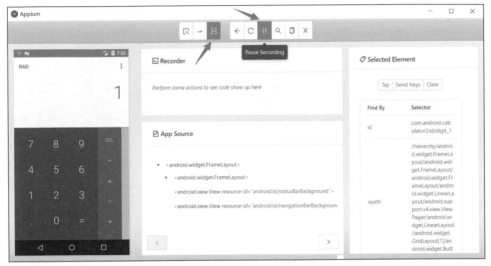

圖 13-13 錄製指令稿介面

錄製指令稿操作步驟如下。

(1)點擊 "Top By Coordinates" 按鈕,表示用座標的方式來定位元素。

(2)點擊 "Start Recording" 按鈕,表示處於錄製狀態。

(3)在左側的 App 介面上對控制項進行點擊操作,即可自動產生指令稿。

appium Desktop 同時支援不同語言或架構的指令稿產生,如 JS、Java、Python、Ruby、Robot Framework 等,這裡選擇 Python,如圖 13-14 所示。

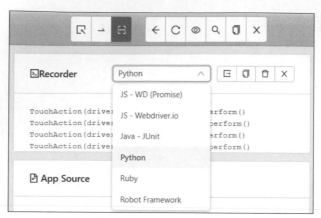

圖 13-14 選擇 Python

語言選擇框右側提供了四個按鈕，分別為 ▣（Show/Hide Boilerplate Code）、 ▯（Copy Code to Clipboard）、 ▯（Clear Actions）和 ✕（Close Recorder）。

- Show/Hide Boilerplate Code：顯示 / 隱藏樣板程式，點擊會顯示完整的指令稿程式。
- Copy Code to Clipboard：複製程式到剪下板。
- Clear Actions：清除錄製的指令稿。
- Close Recorder：關閉錄製。

首先點擊 "Show/Hide Boilerplate Code" 按鈕，然後點擊 "Copy Code to Clipboard" 按鈕，複製程式。

```
# This sample code uses the Appium python client
# pip install Appium-Python-Client
# Then you can paste this into a file and simply run with Python

from appium import webdriver

caps = {}
```

```
caps["deviceName"] = "Android Emulator"
caps["automationName"] = "Appium"
caps["platformName"] = "Android"
caps["platformVersion"] = "7.0"
caps["appPackage"] = "com.android.calculator2"
caps["appActivity"] = ".Calculator"

driver = webdriver.Remote("http://localhost:4723/wd/hub", caps)

TouchAction(driver).tap(x=154, y=1342).perform()
TouchAction(driver).tap(x=889, y=1603).perform()
TouchAction(driver).tap(x=386, y=1346).perform()
TouchAction(driver).tap(x=623, y=1587).perform()

driver.quit()
```

讀者可以將上述測試程式複製到編輯器中執行，透過 appium Desktop 或 App 提供的功能降低 appium 的學習門檻，它可以快速輔助產生定位指令稿和測試指令稿。

官網說明，該功能只能作為學習的工具，不能作為程式產生器。細心檢視指令稿可以發現，appium Desktop 產生的控制項定位是座標形式的，我們知道，座標定位並不可靠，因為它會受螢幕大小和解析度的影響。

appium 測試實例

本章透過一些實例，結合前面所學的自動化測試技術，示範不同型態
的 App 的測試。

14.1 appium 應用測試

本節介紹原生應用、行動 Web 應用和混合應用的測試實例。

14.1.1 原生應用測試

原生應用是指由 Android 架構開發的應用，這裡以 Android 系統附帶的通
訊錄為例，增加連絡人介面如圖 14-1 所示。

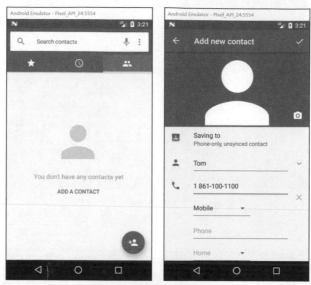

圖 14-1 增加連絡人介面

撰寫測試指令稿。

```
"""
原生應用測試
"""
from appium import webdriver
from appium.webdriver.common.touch_action import TouchAction

caps = {}
caps["deviceName"] = "Android Emulator"
caps["automationName"] = "Appium"
caps["platformName"] = "Android"
caps["platformVersion"] = "7.0"
caps["appPackage"] = "com.android.contacts"
caps["appActivity"] = ".activities.PeopleActivity"
caps["noReset"] = True

driver = webdriver.Remote("http://localhost:4723/wd/hub", caps)
```

```
# 點擊增加按鈕
TouchAction(driver).tap(x=942, y=1635).perform()

# 輸入連絡人資訊
driver.find_element_by_android_uiautomator('text("Name")').send_keys
("Tom")
driver.find_element_by_android_uiautomator('text("Phone")').send_keys
("18611001100");

# 儲存連絡人
driver.find_element_by_id("com.android.contacts:id/menu_save").click()

driver.quit()
```

14.1.2　行動 Web 應用測試

行動 Web 應用透過行動瀏覽器存取 Web
頁面。由於行動裝置螢幕尺寸有很多個，
所以針對行動裝置的 Web 頁面會做單獨
的設計，當然，有一些前端頁面可以極佳
地自我調整。

行動瀏覽器介面如圖 14-2 所示。

圖 14-2　行動瀏覽器介面

撰寫測試指令稿。

```
"""
行動 Web 應用測試
"""
from appium import webdriver
from time import sleep


caps = {}
caps["deviceName"] = "Android Emulator"
caps["automationName"] = "appium"
caps["platformName"] = "Android"
caps["platformVersion"] = "7.0"
caps["browserName"] = "Chrome"


driver = webdriver.Remote("http://localhost:4723/wd/hub", caps)


driver.get("https://m.baidu.com")


driver.find_element_by_id("index-kw").send_keys("appium mobile web")
driver.find_element_by_id("index-bn").click()
sleep(5)


driver.quit()
```

行動 Web 應用測試相對來說要簡單一些，只需指定 browserName 為
"Chrome" 即可。

關於頁面元素的定位，可以在 PC 端的 Chrome 瀏覽器中存取行動頁面
（https://m.baidu.com），使用開發者工具檢視元素屬性。Chrome 瀏覽器檢
視行動頁面如圖 14-3 所示。

圖 14-3 Chrome 瀏覽器檢視行動頁面

需要注意的是，不同 Android 版本的預設瀏覽器（Chrome）使用的 ChromeDriver 驅動版本是不一樣的，以筆者使用的 Android 7.0 為例，預設的 Chrome 為 51，支援的 ChromeDriver 驅動版本為 v2.23。請下載對應的版本驅動：

```
https://github.com/appium/appium/blob/master/docs/en/writing-running-
appium/web/chromedriver.md
```

開啟 appium Desktop 安裝目錄：…\resources\app\node_modules\appium-chromedriver\ chromedriver\win\，用下載的版本驅動檔案取代該目錄下的 chromedriver.exe 檔案。

14.1.3 混合應用測試

混合應用是一種常見的 App 型態，在 Android 開發中透過 WebView 元件實現，主要開發工作在 Web 端，將 Web 頁面嵌套到 App 中。混合應用介面如圖 14-4 所示。

圖 14-4 混合應用介面

這是筆者透過 Android 開發的一個 demo，用 WebView 嵌入百度和網易的行動頁面，只是為了方便示範混合應用的測試。

撰寫測試指令稿。

```python
"""
混合應用測試
"""
from appium import webdriver
```

```
caps = {}
caps["deviceName"] = "Android Emulator"
caps["automationName"] = "appium"
caps["platformName"] = "Android"
caps["platformVersion"] = "7.0"
caps["appPackage"] = "com.example.anwebview"
caps["appActivity"] = ".MainActivity"

driver = webdriver.Remote("http://localhost:4723/wd/hub", caps)

# 獲得目前上下文
context = driver.context
print(context)

# 獲得所有上下文
all_context = driver.contexts
for context in all_context:
    print(context)

# 切換上下文
driver.switch_to.context("WEBVIEW_com.example.anwebview")

# 進入 WebView 模式操作
driver.find_element_by_id("index-kw").send_keys("appium webView")
driver.find_element_by_id("index-bn").click()

driver.quit()
```

這個實例主要示範了在混合應用中上下文的切換,當切換到 WebView 模式後,就可以使用 Selenium 的方式定位和操作元素了。

14.2 App 測試實戰

本節將透過魅族社區 App 示範如何用 appium 進行自動化測試。

14.2.1 安裝 App

首先，存取魅族社區官網：https://bbs.meizu.cn。

然後，準備一台 Android 手機，掃描網站上面的二維碼，下載並安裝 App。當然，也可以透過手機市集下載並安裝 App。

接下來，透過 USB 數據線，將手機與 PC 進行連接，在手機設定中找到「開發者選項」，開啟「USB 偵錯」，如圖 14-5 所示。

圖 14-15 開啟「USB 偵錯」

最後，在 PC 端，透過 "adb devices -l" 指令檢視是否檢測到裝置。

```
> adb devices -l
List of devices attached
xxxxxxxx228FX     device product:MeizuE3_CN model:MEIZU_E3 device:MeizuE3
transport_id:2
```

"xxxxxxxx228FX" 為 Android 裝置的 udid 號，"MEIZU_E3" 為手機的型號。

14.2.2 簡單的測試使用案例

App 介面如圖 14-6 所示，在 App 介面的頂部有一個搜索功能。

圖 14-6 App 介面

下面針對搜索功能撰寫一個簡單的測試。

```python
from appium import webdriver
from time import sleep


caps = {
    "deviceName": " MEIZU_E3",
    "automationName": "appium",
    "platformName": "Android",
    "platformVersion": "7.1.1",
    "appPackage": "com.meizu.flyme.flymebbs",
```

```python
    "appActivity": ".ui.LoadingActivity",
    "noReset": True,
    "unicodeKeyboard": True,
    "resetKeyboard": True,
}

driver = webdriver.Remote("http://localhost:4723/wd/hub", caps)
driver.implicitly_wait(10)

# 討論區發文搜索
search_box = driver.find_element_by_id("com.meizu.flyme.flymebbs:id/r9")
search_box.click()
search_box.send_keys(u"魅族16")
driver.find_element_by_id("com.meizu.flyme.flymebbs:id/rc").click()

driver.quit()
```

appium 預設情況下不支援中文輸入，所以在啟動 App 時需要設定 unicodeKeyboard 和 resetKeyboard 參數。

- unicodeKeyboard 設定為 True，表示使用 Unicode 輸入法。
- resetKeyboard 設定為 True，表示在測試結束後，重置輸入法到原有狀態。

14.2.3 自動化專案設計

本節將對前面的測試程式進行重構，並引用 unittest 單元測試架構和 Page Object 設計模式等，為後續自動化測試使用案例的撰寫與執行打下基礎。

自動化測試目錄結構如圖 14-7 所示。

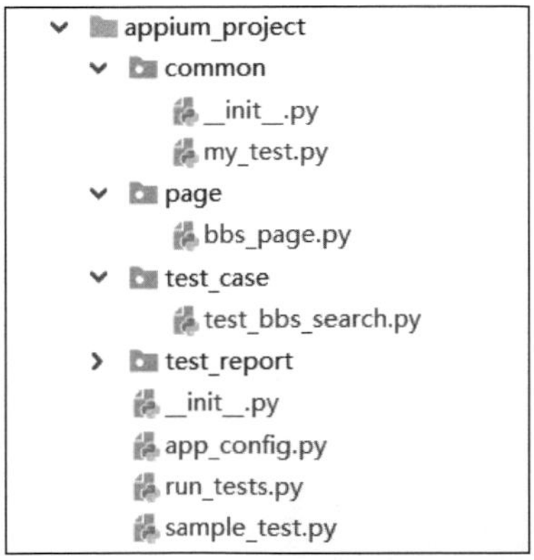

圖 14-7 自動化測試目錄結構

建立 appium_project/app_config.py 檔案。

```
# 魅族社區 App 設定
CAPS = {
    "deviceName": " MEIZU_E3",
    "automationName": "Appium",
    "platformName": "Android",
    "platformVersion": "7.1.1",
    "appPackage": " com.meizu.flyme.flymebbs",
    "appActivity": ".ui.LoadingActivity",
    "noReset": True,
    "unicodeKeyboard": True,
    "resetKeyboard": True,
}
```

設定 App 執行環境，以方便修改與維護。

建立 appium_project/common/my_test.py 檔案。

```
import unittest
from appium import webdriver
import sys
```

```
from os.path import dirname, abspath
BASE_PATH = dirname(dirname(abspath(__file__)))
sys.path.append(BASE_PATH)
from app_config import CAPS

class MyTest(unittest.TestCase):

    @classmethod
    def setUpClass(cls):
        cls.driver = webdriver.Remote("http://localhost:4723/wd/hub", CAPS)
        cls.driver.implicitly_wait(10)

    @classmethod
    def tearDownClass(cls):
        cls.driver.quit()
```

common 目錄用於儲存封裝的一些公共模組，在 my_unit_test.py 檔案中建立 MyTest 測試類別，在 setUpClass/tearDownClass 類別方法中定義驅動的開啟或關閉，呼叫 app_config.py 檔案中的設定。

建立 appium_project/page/bbs_page.py 檔案。

```
from poium import Page, PageElement

class BBSPage(Page):
    search_box = PageElement(id_="com.meizu.flyme.flymebbs:id/r9")
    search_button = PageElement(id_="com.meizu.flyme.flymebbs:id/rc")
search_result = PageElement(id_="com.meizu.flyme.flymebbs:id/er")
```

poium 測試函數庫同樣支援 appium，引用 poium 測試函數庫的 Page 類別和 PageElement 類別，定義 appium 控制項的定位。

建立 appium_project/test_case/ test_bbs_search.py 檔案。

```
import unittest
import sys
from os.path import dirname, abspath
BASE_PATH = dirname(dirname(abspath(__file__)))
sys.path.append(BASE_PATH)
from common.my_test import MyTest
from page.bbs_page import BBSPage


class TestBBSSearch(MyTest):

    def test_search_meizu_16(self):
        """ 搜索關鍵字符：魅族 16 """
        page = bbsPage(self.driver)
        page.search_box.click()
        page.search_box = u"魅族 16"
        page.search_button.click()
        print(page.search_result.text)
        self.assertIn(" 條發文 ", page.search_result.text)


if __name__ == '__main__':
    unittest.main()
```

test_case 目錄用於儲存測試使用案例，在 test_bbs_search.py 檔案中撰寫討論區搜索的測試使用案例。TestBBSSearch 類別繼承 my_test.py 檔案中的 MyTest 類別。定義 test_cearch_meizu_16() 測試方法來實現關鍵字的搜索。因為前面做了較多的封裝，所以在撰寫測試使用案例時會變得非常簡單，只需關注控制項的操作步驟即可。

建立 appium_project/run_tests.py 檔案。

```
import unittest
import time
from HTMLTestRunner import HTMLTestRunner
```

```
if __name__ == '__main__':
    # 定義測試使用案例目錄為目前的目錄
    test_dir = './test_case'
    suit = unittest.defaultTestLoader.discover(start_dir=test_dir,
                                               pattern='test_*.py')

    # 取得目前日期和時間
    now_time = time.strftime("%Y-%m-%d %H_%M_%S")
    test_report = './test_report/'+now_time+'result.html'
    with(open(test_report, 'wb')) as fp:
        runner = HTMLTestRunner(stream=fp,
                                title="魅族社區 App 測試報告 ",
                                description=" 執行環境：Ardroid 7.0")
        runner.run(suit)
```

run_tests.py 檔案用於執行 test_case/ 目錄下的所有測試使用案例，透過 HTMLTestRunner 執行測試使用案例，產生 HTML 格式的測試報告，儲存到 test_report/ 目錄下。

Note

Note